Rudolf Steiner Taschenbücher
aus dem Gesamtwerk

RUDOLF STEINER

Der menschliche und der kosmische Gedanke

Vier Vorträge, gehalten in Berlin
vom 20. bis 23. Januar 1914

RUDOLF STEINER VERLAG

Nach vom Vortragenden selbst nicht durchgesehenen Nachschriften
herausgegeben von der Rudolf Steiner Nachlassverwaltung

Ungekürzte Ausgabe nach dem gleichnamigen Band der
Rudolf Steiner Gesamtausgabe, Bibliographie-Nr. 151,
herausgegeben von Robert Friedenthal und Caroline Wispler,
6. Auflage, Dornach 1990

Taschenbuchausgabe
2. Auflage 2014

Umschlaggestaltung: Finken & Bumiller, Stuttgart
Printed in Germany by Druckhaus Nomos, Sinzheim
ISBN 978-3-7274-7481-1

www.steinerverlag.com

Zu den Veröffentlichungen aus dem Vortragswerk von Rudolf Steiner

Die Grundlage der anthroposophisch orientierten Geisteswissenschaft bilden die von Rudolf Steiner (1861-1925) geschriebenen und veröffentlichten Werke. Daneben hielt er in den Jahren 1900 bis 1924 zahlreiche Vorträge und Kurse, sowohl öffentlich wie auch für die Mitglieder der Theosophischen, später Anthroposophischen Gesellschaft. Er selbst wollte ursprünglich, daß seine durchwegs frei gehaltenen Vorträge nicht schriftlich festgehalten würden, da sie als «mündliche, nicht zum Druck bestimmte Mitteilungen» gedacht waren. Nachdem aber zunehmend unvollständige und fehlerhafte Hörernachschriften angefertigt und verbreitet wurden, sah er sich veranlaßt, das Nachschreiben zu regeln. Mit dieser Aufgabe betraute er Marie Steiner-von Sivers. Ihr oblag die Bestimmung der Stenographierenden, die Verwaltung der Nachschriften und die für die Herausgabe notwendige Durchsicht der Texte. Da Rudolf Steiner aus Zeitmangel nur in ganz wenigen Fällen die Nachschriften selbst korrigieren konnte, muß gegenüber allen Vortragsveröffentlichungen sein Vorbehalt berücksichtigt werden: «Es wird eben nur hingenommen werden müssen, daß in den von mir nicht nachgesehenen Vorlagen sich Fehlerhaftes findet.»

Über das Verhältnis der Mitgliedervorträge, welche zunächst nur als interne Manuskriptdrucke zugänglich waren, zu seinen öffentlichen Schriften äußert sich Rudolf Steiner in seiner Selbstbiographie «Mein Lebensgang» (35. Kapitel). Der entsprechende Wortlaut ist am Schluß dieses Bandes wiedergegeben. Das dort Gesagte gilt gleichermaßen auch für die Kurse zu einzelnen Fachgebieten, welche sich an einen begrenzten, mit den Grundlagen der Geisteswissenschaft vertrauten Teilnehmerkreis richteten.

Nach dem Tode von Marie Steiner (1867-1948) wurde gemäß ihren Richtlinien mit der Herausgabe einer Rudolf Steiner Gesamtausgabe begonnen. Der vorliegende Band bildet einen Bestandteil dieser Gesamtausgabe. Soweit erforderlich, finden sich nähere Angaben zu den Textunterlagen am Beginn der Hinweise.

INHALT

ERSTER VORTRAG

Berlin, 20. Januar 1914

In diesen vier Vorträgen, die ich im Verlaufe unserer Generalversammlung vor Ihnen werde zu halten haben, möchte ich sprechen über den Zusammenhang des Menschen mit dem Weltall von einem gewissen Gesichtspunkte aus. Und diesen Gesichtspunkt möchte ich mit folgenden Worten andeuten.

Der Mensch erlebt in sich das, was wir den Gedanken nennen können, und in dem Gedanken kann sich der Mensch als etwas unmittelbar Tätiges, als etwas, was seine Tätigkeit überschauen kann, erfühlen. Wenn wir irgendein äußeres Ding betrachten, zum Beispiel eine Rose oder einen Stein, und wir stellen dieses äußere Ding vor, so kann jemand mit Recht sagen: Du kannst niemals eigentlich wissen, wieviel du in dem Steine oder in der Rose, indem du sie vorstellst, von dem Ding, von der Pflanze, eigentlich hast. Du siehst die Rose, ihre äußere Röte, ihre Form, wie sie in einzelne Blumenblätter abgeteilt ist, du siehst den Stein mit seiner Farbe, mit seinen verschiedenen Ecken, aber du mußt dir immer sagen: Da kann noch etwas drinnenstecken, was dir nicht nach außen hin erscheint. Du weißt nicht, wieviel du in deiner Vorstellung von dem Steine, von der Rose eigentlich hast.

Wenn aber jemand einen Gedanken hat, dann ist er es selber, der diesen Gedanken macht. Man möchte sagen, in jeder Faser dieses seines Gedankens ist er drinnen. Daher ist er für den ganzen Gedanken ein Teilnehmer seiner Tätigkeit. Er weiß: Was in dem Gedanken ist, das habe ich so in den Gedanken hineingedacht, und was ich nicht in den Gedanken hineingedacht habe, das kann auch nicht in ihm drinnen sein. Ich überschaue den Gedanken. Keiner kann behaupten, wenn ich einen Gedanken vorstelle, da könnte in dem Gedanken noch soundso viel anderes drinnen sein wie in der Rose und in dem Stein; denn ich habe ja selber den Gedanken erzeugt, bin in ihm gegenwärtig, weiß also, was drinnen ist.

Wirklich, der Gedanke ist unser Ureigenstes. Finden wir die Beziehung des Gedankens zum Kosmos, zum Weltall, dann finden wir die Beziehung unseres Ureigensten zum Kosmos, zum Weltall. Das kann uns versprechen, daß es wirklich ein fruchtbarer Gesichtspunkt ist, einmal die Beziehung des Menschen zum Weltall vom Gedanken aus zu betrachten. Wir werden also diese Betrachtung anstellen, und sie wird uns in bedeutsame Höhen anthroposophischer Betrachtung führen. Aber wir werden heute einen Unterbau aufzurichten haben, der vielleicht manchem von Ihnen etwas abstrakt vorkommen mag. Aber in den nächsten Tagen werden wir sehen, daß wir diesen Unterbau brauchen und daß wir ohne ihn uns nur mit einer gewissen Oberflächlichkeit den hohen Zielen nähern können, die wir in diesen vier Vorträgen anstreben. Das also, was eben gesagt worden ist, verspricht uns, daß der Mensch, wenn er sich an das hält, was er im Gedanken hat, eine intime Beziehung seines Wesens zum Weltall, zum Kosmos, finden kann.

Nur hat die Sache eine Schwierigkeit, wenn wir uns auf diesen Gesichtspunkt begeben wollen, eine große Schwierigkeit. Ich meine nicht für unsere Betrachtung, aber für den objektiven Tatbestand hat es eine große Schwierigkeit. Und diese Schwierigkeit besteht darin, daß es zwar wahr ist, daß man in jeder Faser des Gedankens drinnen lebt und daher den Gedanken, wenn man ihn hat, von allen Vorstellungen am intimsten kennen muß; aber, ja aber – die meisten Menschen haben keine Gedanken! Und dies wird gewöhnlich nicht mit aller Gründlichkeit durchdacht, daß die meisten Menschen keine Gedanken haben. Aus dem Grunde wird es nicht mit aller Gründlichkeit durchdacht, weil man dazu – eben Gedanken brauchte! Auf eines muß zunächst aufmerksam gemacht werden. Was im weitesten Umkreise unseres Lebens die Menschen verhindert, Gedanken zu haben, das ist, daß die Menschen für den gewöhnlichen Gebrauch des Lebens gar nicht immer das Bedürfnis haben, wirklich bis zum Gedanken vorzudringen, sondern daß sie statt des Gedankens sich mit dem Worte begnügen. Das meiste von dem, was man im gewöhnlichen Leben Denken nennt, verläuft nämlich in Worten. Man denkt in Worten. Viel mehr, als man glaubt, denkt man in Worten. Und viele Menschen sind, wenn sie nach einer Erklärung von dem oder jenem verlangen, damit zufrieden, daß man ihnen irgendein Wort sagt, das einen für sie bekannten Klang hat, das sie an dieses oder jenes erinnert; und dann halten sie das, was sie bei einem solchen Wort empfinden, für eine Erklärung und glauben, sie hätten dann den Gedanken.

Ja, das, was ich eben gesagt habe, das hat in der Entwickelung des menschlichen Geisteslebens zu einer bestimmten Zeit dazu geführt, eine Ansicht heraufzubringen, welche heute noch viele Menschen, die sich Denker nennen, teilen. In der Neuauflage meiner «Welt- und Lebensanschauungen im neunzehnten Jahrhundert» habe ich versucht, dieses Buch ganz gründlich umzugestalten, indem ich eine Entwickelungsgeschichte des abendländischen Gedankens vorausgeschickt habe, angefangen vom 6. vorchristlichen Jahrhundert bis herauf ins 19. Jahrhundert, und indem ich dann am Schlusse zu dem, was gegeben war, als das Buch zuerst erschien, hinzufügte eine Darstellung des, sagen wir, gedanklichen Geisteslebens bis in unsere Tage herein. Auch der Inhalt, der schon da war, ist vielfach umgestaltet worden. Da habe ich denn zu zeigen gehabt, wie der Gedanke in einem bestimmten Zeitalter eigentlich erst entsteht. Er entsteht wirklich erst, man könnte sagen, um das 6. oder 8. vorchristliche Jahrhundert. Vorher erlebten die menschlichen Seelen gar nicht das, was man im rechten Sinne des Wortes Gedanken nennen kann. Was erlebten die menschlichen Seelen vorher? Sie erlebten vorher Bilder. Und alles Erleben der Außenwelt geschah in Bildern. Von gewissen Gesichtspunkten aus habe ich das oftmals gesagt. Dieses Bilder-Erleben ist die letzte Phase des alten hellseherischen Erlebens. Dann geht für die menschliche Seele das Bild in den Gedanken über.

Was ich in diesem Buche beabsichtigte, ist, dieses Ergebnis der Geisteswissenschaft einmal rein durch Verfolgung der philosophischen Entwickelung zu zeigen. Ganz nur auf dem Boden der philosophischen Wissenschaft bleibend, wird gezeigt, daß der Gedanke einmal im alten Griechenland geboren worden ist, daß er entsteht dadurch, daß er herausspringt für das menschliche Seelenerleben aus dem alten sinnbildlichen Erleben der Außenwelt. Dann versuchte ich zu zeigen, wie dieser Gedanke weitergeht in *Sokrates,* in *Plato, Aristoteles,* wie er bestimmte Formen annimmt, wie er sich weiter heraufentwickelt und dann im Mittelalter zu dem führt, was ich jetzt erwähnen will.

Zu dem Zweifel führt die Entwickelung des Gedankens, ob es dasjenige überhaupt geben könne in der Welt, was man allgemeine Gedanken, allgemeine Begriffe nennt, zu dem sogenannten Nominalismus, zu der philosophischen Anschauung, daß die allgemeinen Begriffe nur Namen sein können, also überhaupt nur Worte. Es gab also für diesen allgemeinen Gedanken sogar die philosophische Anschauung, und viele haben sie noch heute, daß diese allgemeinen Gedanken überhaupt nur Worte sein können.

Nehmen wir einmal, um uns das zu verdeutlichen, was eben gesagt worden ist, einen leicht überschaubaren und zwar allgemeinen Begriff; nehmen wir den Begriff «Dreieck» als allgemeinen Begriff. Derjenige nun, der da mit seinem Standpunkte des Nominalismus kommt, der nicht hinwegkommen kann von dem, was als Nominalismus sich in dieser Beziehung ausgebildet hat in der Zeit des 11. bis 13. Jahrhunderts, der sagt etwa folgendes: Zeichne mir ein Dreieck hin! – Gut, ich werde ihm ein Dreieck hinzeichnen, zum Beispiel ein solches:

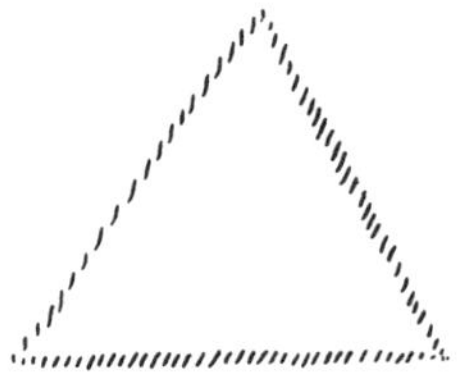

Schön, sagt er, das ist ein besonderes, spezielles Dreieck mit drei spitzen Winkeln, das gibt es. Aber ich werde dir ein anderes hinzeichnen. – Und er zeichnet ein Dreieck hin, das einen rechten Winkel hat, und ein solches, das einen sogenannten stumpfen Winkel hat.

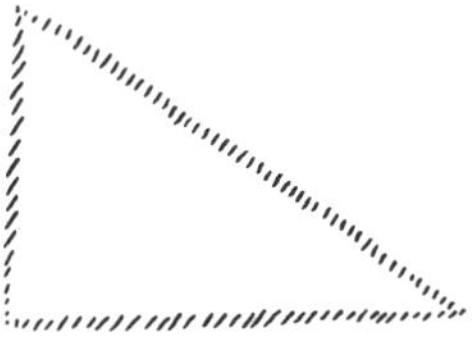 

So, jetzt nennen wir das erste ein spitzwinkliges Dreieck, das zweite ein rechtwinkliges und das dritte ein stumpfwinkliges. Da sagt der Betreffende: Das glaube ich dir, es gibt ein spitzwinkliges, ein rechtwinkliges und ein stumpfwinkliges Dreieck. Aber das alles ist ja nicht *das* Dreieck. Das allgemeine Dreieck muß alles enthalten, was ein Dreieck enthalten kann. Unter den allgemeinen Gedanken des Dreiecks muß das erste, das zweite und das dritte Dreieck fallen. Es kann aber doch nicht ein Dreieck, das spitzwinklig ist, zugleich rechtwinklig und stumpfwinklig sein. Ein Dreieck, das spitzwinklig ist, ist ein spezielles, ist nicht ein allgemeines Dreieck; ebenso ist ein rechtwinkliges und ein stumpfwinkliges Dreieck ein spezielles. Ein allgemeines Dreieck kann es aber nicht geben. Also ist das allgemeine Dreieck ein Wort, das die speziellen Dreiecke zusammenfaßt. Aber den allgemeinen Begriff des Dreiecks gibt es nicht. Das ist ein Wort, das die Einzelheiten zusammenfaßt.

Das geht natürlich weiter. Nehmen wir an, es spricht jemand das Wort Löwe aus. Nun sagt der, welcher auf dem Standpunkt des Nominalismus steht: Im Berliner Tiergarten ist ein Löwe, im Hannoverschen Tiergarten ist auch ein Löwe, im Münchner Tiergarten ist auch einer. Die einzelnen Löwen gibt es; aber einen allgemeinen Löwen, der etwas zu tun haben sollte mit dem Berliner, Hannoverschen und Münchner Löwen, den gibt es nicht. Das ist ein bloßes Wort, das die einzelnen Löwen zusammenfaßt. Es gibt nur einzelne Dinge, und es gibt außer den einzelnen Dingen, so sagt der Nominalist, nichts als Worte, welche die einzelnen Dinge zusammenfassen.

Diese Anschauung, wie gesagt, ist heraufgekommen; sie vertreten heute noch scharfsinnige Logiker. Und wer sich die Sache, die jetzt eben auseinandergesetzt worden ist, ein wenig überlegt, wird sich auch im Grunde genommen gestehen müssen: Es liegt da doch etwas Besonderes vor; ich kann nicht so ohne weiteres darauf kommen, ob es nun wirklich diesen «Löwen im allgemeinen» und das «Dreieck im allgemeinen» gibt, denn ich sehe es ja nicht recht. Wenn nun wirklich jemand käme, der sagen würde: Sieh einmal, lieber Freund, ich kann dir nicht zubilligen, daß du mir den Münchner, den Hannoverschen oder den Berliner Löwen zeigst. Wenn du behauptest, es gäbe den Löwen «im allgemeinen», so mußt du mich irgendwo hinführen, wo es den «Löwen im allgemeinen» gibt. Wenn du mir aber den Münchner, den Hannoverschen und den Berliner Löwen zeigst, so hast du mir nicht bewiesen, daß es den «Löwen im allgemeinen» gibt. – Wenn jemand käme, der diese Anschauung hat, und man sollte ihm den «Löwen im allgemeinen» zeigen, so würde man zunächst etwas in Verlegenheit geraten. Es ist nicht so leicht, die Frage zu beantworten, wo man den Betreffenden hinführen soll, dem man den «Löwen im allgemeinen» zeigen soll.

Nun, wir wollen jetzt nicht zu dem gehen, was uns die Geisteswissenschaft gibt; das wird schon noch kommen. Wir wollen einmal beim Denken bleiben, wollen bei dem bleiben, was durch das Denken erreicht werden kann, und wir werden uns sagen müssen: Wenn wir auf diesem Boden bleiben wollen, so geht es eben nicht recht, daß wir irgendeinen Zweifler zum «Löwen im allgemeinen» hinführen. Das geht wirklich nicht. Hier liegt eine der Schwierigkeiten vor, die man einfach zugeben muß. Denn will man auf dem Gebiete des gewöhnlichen Denkens diese Schwierigkeit nicht zugeben, dann läßt man sich eben nicht auf die Schwierigkeit des menschlichen Denkens überhaupt ein.

Bleiben wir beim Dreieck; denn schließlich ist es für die allgemeine Sache gleichgültig, ob wir uns die Sache am Dreieck, am Löwen oder an etwas anderem klarmachen. Zunächst erscheint es aussichtslos, daß wir ein allgemeines Dreieck hinzeichnen, das alle Eigenschaften, alle Dreiecke enthält. Und weil es aussichtslos nicht nur erscheint, sondern für das gewöhnliche menschliche Denken auch ist, deshalb steht hier alle äußere Philosophie an einer Grenzscheide, und ihre Aufgabe wäre es, sich einmal wirklich zu gestehen, daß sie als äußere Philosophie an einer Grenzscheide steht. Aber diese Grenzscheide ist eben nur diejenige der äußeren Philosophie. Über diese Grenzscheide gibt es doch eine Möglichkeit, hinüberzukommen, und mit dieser Möglichkeit wollen wir uns jetzt einmal bekanntmachen.

Denken wir uns, wir zeichnen das Dreieck nicht einfach so hin, daß wir sagen: Jetzt habe ich dir ein Dreieck hingezeichnet, und da ist es. – Da wird immer der Einwand gemacht werden können: Das ist eben ein spitzwinkliges Dreieck, das ist kein allgemeines Dreieck. Man kann das Dreieck nämlich auch anders hinzeichnen. Eigentlich kann man es nicht; aber wir werden gleich sehen, wie sich dieses Können und Nichtkönnen zueinander verhalten. Nehmen wir an, dieses Dreieck, das wir hier haben, zeichnen wir so hin und erlauben jeder einzelnen Seite, daß sie sich nach jeder Richtung, wie sie will, bewegt. Und zwar erlauben wir ihr, daß sie sich mit verschiedenen Schnelligkeiten bewege (an der Tafel zeichnend gesprochen):

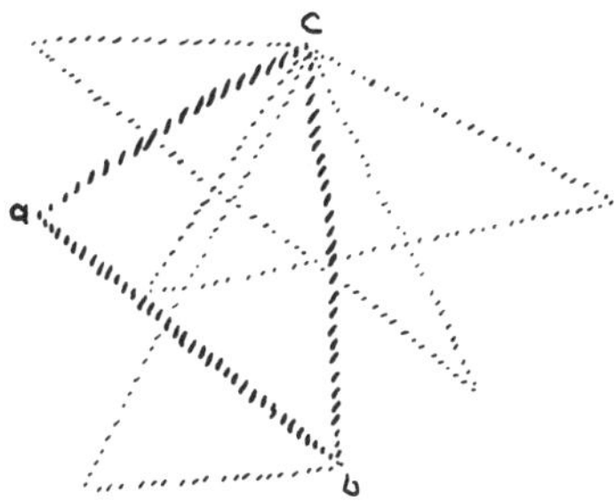

Diese Seite bewegt sich so, daß sie im nächsten Augenblick diese Lage einnimmt, diese so, daß sie im nächsten Augenblick diese Lage einnimmt. Diese bewegt sich viel langsamer, diese bewegt sich schneller und so weiter. Jetzt kehrt sich die Richtung um.

Kurz, wir begeben uns in die unbequeme Vorstellung hinein, daß wir sagen: Ich will nicht nur ein Dreieck hinzeichnen und es so dann stehen lassen, sondern ich stelle an dein Vorstellen gewisse

Anforderungen. Du mußt dir denken, daß die Seiten des Dreiecks fortwährend in Bewegung sind. Wenn sie in Bewegung sind, dann kann ein rechtwinkliges oder ein stumpfwinkliges Dreieck oder jedes andere gleichzeitig aus der Form der Bewegungen hervorgehen.

Zweierlei kann man machen und auch verlangen auf diesem Gebiete. Das erste, was man verlangen kann, ist, daß man es hübsch bequem hat. Wenn jemand einem ein Dreieck aufzeichnet, dann ist es fertig, und man weiß, wie es aussieht; jetzt kann man hübsch ruhen in seinen Gedanken, denn man hat, was man will. Man kann aber auch das andere machen: das Dreieck gleichsam als einen Ausgangspunkt betrachten und jeder Seite erlauben, daß sie sich mit verschiedenen Geschwindigkeiten und nach verschiedenen Richtungen dreht. In diesem Falle hat man es aber nicht so bequem, sondern man muß in seinen Gedanken Bewegungen ausführen. Aber dafür hat man auch wirklich den allgemeinen Gedanken Dreieck darinnen; er ist ja nur nicht zu erreichen, wenn man bei einem Dreieck abschließen will. Der allgemeine Gedanke Dreieck ist da, wenn man den Gedanken in fortwährender Bewegung hat, wenn er versatil ist.

Weil die Philosophen das, was ich eben jetzt ausgesprochen habe, den Gedanken in Bewegung zu bringen, nicht gemacht haben, deshalb stehen sie notwendigerweise an einer Grenzscheide und begründen den Nominalismus. Jetzt wollen wir uns das, was ich eben jetzt ausgesprochen habe, in eine uns bekannte Sprache übersetzen, in eine uns längst bekannte Sprache.

Gefordert wird von uns, wenn wir von dem speziellen Gedanken zu dem allgemeinen Gedanken aufsteigen sollen, daß wir den speziellen Gedanken in Bewegung bringen, so daß der bewegte Gedanke der allgemeine Gedanke ist, der von einer Form in die andere hineinschlüpft. Form sage ich; richtig gedacht ist: Das ganze bewegt sich, und jedes einzelne, was da herauskommt durch die Bewegung, ist eine in sich abgeschlossene Form. Früher habe ich nur Einzelformen hingezeichnet, ein spitzwinkliges, ein rechtwinkliges und ein stumpfwinkliges Dreieck. Jetzt zeichne ich etwas auf – ich zeichne es eigentlich nicht auf, das sagte ich schon, aber vorstellen kann man sich das –, was die Vorstellung hervorrufen soll, daß der allgemeine Gedanke in Bewegung ist und die einzelne Form durch sein Stillestehen erzeugt – «die Form erzeugt», sage ich.

Da sehen wir, die Philosophen des Nominalismus, die notwendig an einer Grenzscheide stehen, bewegen sich in einem gewissen Reiche, in dem Reiche der Geister der Form. Innerhalb des Reiches der Geister der Form, das um uns herum ist, herrschen die Formen; und weil die Formen herrschen, sind in diesem Reiche einzelne, streng in sich abgeschlossene Einzeldinge. Daraus ersehen Sie, daß die Philosophen, die ich meine, niemals den Entschluß gefaßt haben, aus dem Reiche der Formen herauszugehen, und daher in den allgemeinen Gedanken nichts anderes haben können als Worte, richtig bloße Worte. Würden sie herausgehen aus dem Reiche der speziellen Dinge, das heißt der Formen, so würden sie in ein Vorstellen hineinkommen, das in fortwährender Bewegung ist, das heißt, sie würden in ihrem Denken eine Vergegenwärtigung des Reiches der Geister der Bewegung haben, der nächsthöheren Hierarchie. Dazu lassen sich aber die meisten Philosophen nicht herbei. Und als sich einmal einer in der letzten Zeit des abendländischen Denkens herbeigelassen hat, so recht in diesem Sinne zu denken, da wurde er wenig verstanden, obwohl viel von ihm gesprochen und gefaselt wird. Man schlage auf, was *Goethe* in seiner «Metamorphose der Pflanzen» geschrieben hat, was er die «Urpflanze» nannte; man schlage dann das auf, was er das «Urtier» nannte, und man wird finden, daß man mit diesen Begriffen «Urpflanze», «Urtier» nur zurechtkommt, wenn man sie beweglich denkt. Wenn man diese Beweglichkeit aufnimmt, von der Goethe selber spricht, dann hat man nicht einen abgeschlossenen, in seinen Formen begrenzten Begriff, sondern man hat das, was in seinen Formen lebt, was durchkriecht in der ganzen Entwickelung des Tierreiches oder des Pflanzenreiches, was sich in diesem Durchkriechen ebenso verändert, wie das Dreieck sich in ein spitzwinkliges oder ein stumpfwinkliges verändert, und was bald «Wolf» und «Löwe», bald «Käfer» sein kann, je nachdem die Beweglichkeit so eingerichtet ist, daß die Eigenschaften sich abändern in dem Durchgehen durch die Einzelheiten. Goethe brachte die starren Begriffe der

Formen in Bewegung. Das war seine große, zentrale Tat. Das war das Bedeutsame, was er in die Naturbetrachtung seiner Zeit eingeführt hat.

Sie sehen hier an einem Beispiele, wie das, was wir Geisteswissenschaft nennen, tatsächlich dazu geeignet ist, die Menschen aus dem herauszuführen, woran sie notwendig heute haften müssen, selbst wenn sie Philosophen sind. Denn ohne Begriffe, die durch die Geisteswissenschaft gewonnen werden, ist es gar nicht möglich, wenn man ehrlich ist, etwas anderes zuzugeben, als daß die allgemeinen Gedanken bloße Worte seien. Das ist der Grund, warum ich sagte: Die meisten Menschen haben nur keine Gedanken. Und wenn man ihnen von Gedanken spricht, so lehnen sie das ab.

Wann spricht man zu den Menschen von Gedanken? Wenn man zum Beispiel sagt, die Tiere und Pflanzen hätten Gruppenseelen. Ob man sagt allgemeine Gedanken oder Gruppenseelen – wir werden im Laufe der Vorträge sehen, was für eine Beziehung zwischen den beiden ist –, das kommt für das Denken auf dasselbe heraus. Aber die Gruppenseele ist auch nicht anders zu begreifen als dadurch, daß man sie in Bewegung denkt, in fortwährender äußerlicher und innerlicher Bewegung; sonst kommt man nicht zur Gruppenseele. Aber das lehnen die Menschen ab. Daher lehnen sie auch die Gruppenseele ab, lehnen also den allgemeinen Gedanken ab.

Zum Kennenlernen der offenbaren Welt braucht man aber keine Gedanken; da braucht man nur die Erinnerung an das, was man gesehen hat im Reiche der Form. Und das ist das, was die meisten Menschen überhaupt nur wissen: was sie gesehen haben im Reiche der Form. Da bleiben dann die allgemeinen Gedanken bloße Worte. Daher konnte ich sagen: Die meisten Menschen haben keine Gedanken. Denn die allgemeinen Gedanken bleiben für die meisten Menschen nur Worte. Und wenn es unter den mancherlei Geistern der höheren Hierarchien nicht auch den Genius der Sprache geben würde, der die allgemeinen Worte für die allgemeinen Begriffe bildet, die Menschen selber würden das nicht tun. Also richtig aus der Sprache heraus bekommen die Menschen zunächst ihre allgemeinen Gedanken, und sie haben auch nicht viel anderes als die in der Sprache aufbewahrten allgemeinen Gedanken.

Daraus ersehen wir aber, daß es doch etwas Eigenes sein muß mit dem Denken von wirklichen Gedanken. Daß es etwas ganz Eigentümliches damit sein muß, das können wir uns daraus verständlich machen, daß wir sehen, wie schwer es eigentlich den Menschen wird, auf dem Felde des Gedankens zur Klarheit zu kommen. So im äußeren trivialen Leben wird man vielleicht oftmals behaupten, wenn man ein bißchen renommieren will, das Denken sei leicht. Aber es ist nicht leicht. Denn es erfordert das wirkliche Denken immer ein ganz enges, in gewisser Beziehung unbewußtes Berührtsein von einem Hauch aus dem Reiche der Geister der Bewegung. Würde das Denken so ganz leicht sein, so würden nicht so kolossale Schnitzer auf dem Gebiete des Denkens gemacht werden, und man plagte sich nicht so lange mit allerlei Problemen und Irrtümern herum. So plagt man sich jetzt seit mehr als einem Jahrhundert mit einem Gedanken, den ich schon öfter angeführt habe und den *Kant* ausgesprochen hat.

Kant wollte den sogenannten ontologischen Gottesbeweis aus der Welt schaffen. Dieser ontologische Gottesbeweis stammt auch aus der Zeit des Nominalismus, wo man sagte, daß es für die allgemeinen Begriffe nur Worte gäbe und daß nicht etwas Allgemeines existiere, das den einzelnen Gedanken entsprechen würde wie die einzelnen Gedanken den Vorstellungen. Diesen ontologischen Gottesbeweis will ich als ein Beispiel anführen, wie gedacht wird.

Er sagt ungefähr: Wenn man einen Gott annehme, so müsse er das allervollkommenste Wesen sein. Wenn er das allervollkommenste Wesen ist, dann dürfe ihm nicht das Sein fehlen, die Existenz; denn sonst gäbe es ja ein noch vollkommeneres Wesen, das diejenigen Eigenschaften hätte, die man denkt, und das außerdem existieren würde. Also muß man das vollkommenste Wesen so denken, daß es existiere. Man kann also den Gott gar nicht anders denken als existierend, wenn man ihn als allervollkommenstes Wesen denkt. Das heißt, man kann aus dem Begriffe selbst ableiten, daß es nach dem ontologischen Gottesbeweis den Gott geben muß.

Kant wollte diesen Beweis widerlegen, indem er zu zeigen versuchte, daß man aus einem Begriffe heraus überhaupt nicht die Existenz eines Dinges beweisen kann. Er hat dazu das berühmte Wort geprägt, das ich auch schon öfter angedeutet habe: Hundert wirkliche Taler seien nicht mehr und nicht weniger als hundert mögliche Taler. Das heißt, wenn ein Taler dreihundert Pfennige hat, so müsse man hundert wirkliche Taler zu je dreihundert Pfennigen rechnen, und ebenso müsse man hundert mögliche Taler zu je dreihundert Pfennigen rechnen. Es enthalten also hundert mögliche Taler ebensoviel wie hundert wirkliche Taler; das heißt, es ist kein Unterschied, ob ich hundert wirkliche oder hundert mögliche Taler denke. Daher darf man nicht aus dem bloßen Gedanken des allervollkommensten Wesens die Existenz herausschälen, weil der bloße Gedanke eines möglichen Gottes dieselben Eigenschaften hätte wie der Gedanke eines wirklichen Gottes.

Das erscheint sehr vernünftig. Und seit einem Jahrhundert plagen sich die Menschen herum, wie es mit den hundert möglichen und den hundert wirklichen Talern ist. Nehmen wir aber einen naheliegenden Gesichtspunkt, nämlich den des praktischen Lebens. Kann man von diesem Gesichtspunkte aus sagen, daß hundert wirkliche Taler nicht mehr enthalten als hundert mögliche? Man kann sagen, daß hundert wirkliche Taler just um hundert Taler mehr enthalten als hundert mögliche Taler! Es ist doch ganz klar: Hundert mögliche Taler auf der einen Seite gedacht und hundert wirkliche auf der anderen Seite, das ist ein Unterschied! Es sind auf der anderen Seite gerade hundert Taler mehr. Und auf die hundert wirklichen Taler scheint es doch gerade in den meisten Fällen des Lebens anzukommen.

Aber die Sache hat doch auch einen tieferen Aspekt. Man kann nämlich die Frage stellen: Worauf kommt es denn an bei dem Unterschied von hundert möglichen und hundert wirklichen Talern? Ich denke, es wird jeder zugeben: Für den, der die hundert Taler haben kann, ist zweifellos ein großer Unterschied zwischen hundert möglichen und hundert wirklichen Talern vorhanden. Denn denken Sie sich, Sie brauchen hundert Taler, und jemand stellt Ihnen die Wahl, ob er Ihnen hundert mögliche oder hundert wirkliche Taler geben soll. Wenn Sie sie haben können, scheint es doch auf den

Unterschied anzukommen. Aber nehmen Sie an, Sie wären in dem Fall, daß Sie die hundert Taler wirklich nicht haben könnten; dann könnte es sein, daß es für Sie höchst gleichgültig ist, ob Ihnen jemand hundert mögliche oder hundert wirkliche Taler nicht gibt. Wenn man sie nicht haben kann, dann enthalten tatsächlich hundert wirkliche und hundert mögliche Taler ganz gleich viel.

Das hat doch eine Bedeutung. Die Bedeutung hat es nämlich, daß so, wie Kant über den Gott gesprochen hat, nur in einer Zeit gesprochen werden konnte, als man durch menschliche Seelenerfahrung den Gott nicht mehr haben konnte. Als er nicht erreichbar war als eine Wirklichkeit, da war der Begriff des möglichen Gottes oder des wirklichen Gottes gerade so einerlei, wie es einerlei ist, ob man hundert wirkliche Taler oder hundert mögliche Taler nicht haben kann. Wenn es für die Seele keinen Weg gibt zu dem wirklichen Gott, dann führt ganz gewiß auch keine Gedankenentwickelung dazu, die im Stile Kants gehalten ist.

Da sehen Sie, daß die Sache doch auch eine tiefere Seite hat. Ich führe es aber nur an, weil ich dadurch klarmachen wollte, daß, wenn die Frage nach dem Denken kommt, man schon etwas tiefer schürfen muß. Denn Denkfehler schleichen sich durch die erleuchtetsten Geister fort, und man sieht lange nicht ein, worin eigentlich das Brüchige eines solchen Gedankens besteht, wie zum Beispiel des kantischen Gedankens von den hundert möglichen und den hundert wirklichen Talern. Es kommt beim Gedanken auch immer darauf an, daß man die Situation berücksichtigt, in welcher der Gedanke gefaßt wird.

Aus der Natur des allgemeinen Gedankens zuerst und dann aus dem Dasein eines solchen Denkfehlers wie des kantischen im besonderen versuchte ich Ihnen zu zeigen, daß die Wege des Denkens dennoch nicht so ganz ohne Vertiefung in die Dinge betrachtet werden können. Ich will noch von einer dritten Seite aus mich der Sache nähern.

Nehmen wir einmal an, hier wäre ein Berg oder ein Hügel (siehe Zeichnung auf Seite 22, rechts) und hier sei ein schroffer Abhang (Zeichnung, links). An diesem schroffen Abhange entspringe eine

Quelle; die Quelle stürzt senkrecht wie ein richtiger Wasserfall den Abhang hinunter. Unter den ganz gleichen Verhältnissen wie da sei auf der andern Seite auch eine Quelle. Die will ganz dasselbe wie die erstere; aber sie tut es nicht. Sie kann nämlich nicht als Wasserfall hinunterstürzen, sondern rinnt ganz hübsch in Form eines Baches oder Flusses hinunter. – Hat das Wasser andere Kräfte bei der zweiten Quelle als bei der ersten? Ganz offenbar nicht. Denn die zweite Quelle würde ganz dasselbe tun wie die erste, wenn der Berg sie nicht hinderte und nicht seine Kräfte hinaufschicken würde. Sind die Kräfte, die der Berg hinaufschickt, die Haltekräfte, nicht vorhanden, so wird sie wie die erste Quelle hinunterstürzen. Es kommen also zwei Kräfte in Betracht: die Haltekraft des Berges und die Schwerkraft der Erde, vermöge der die eine Quelle hinunterstürzt. Die ist aber bei der anderen Quelle genau ebenso vorhanden, denn man kann sagen: Sie ist da, ich sehe, wie sie die Quelle herunterzieht. Wenn nun jemand ein Skeptiker wäre, so könnte er dies bei der zweiten Quelle leugnen und sagen: Da sieht man zunächst nichts, während bei der ersten Quelle jedes Wasserstäubchen heruntergezogen wird. Man muß also bei der zweiten Quelle in jedem Punkte hinzufügen die Kraft, welche der Schwerkraft entgegenwirkt, die Haltekraft des Berges.

Nehmen wir nun an, es käme jemand und sagte: Was du mir da von der Schwerkraft erzählst, glaube ich nicht recht, und das, was du mir von deiner Haltekraft sagst, glaube ich dir auch nicht. Ist der Berg dort die Ursache, daß die Quelle jenen Weg nimmt? Ich glaube es nicht. – Nun könnte man diesen fragen: Was glaubst du denn dann? – Er könnte antworten: Ich glaube, da unten ist etwas von dem Wasser; gleich darüber ist ebenso etwas von dem Wasser, darüber wieder und so weiter. Ich glaube, daß das Wasser, welches unten ist, von dem Wasser darüber hinuntergestoßen wird, und dieses obere Wasser wird von dem über ihm hinuntergestoßen. Jede darüberliegende Wasserpartie stößt immer die vordere hinunter. – Das ist ein beträchtlicher Unterschied. Der erste Mensch behauptet: Die Schwerkraft zieht die Wassermassen herunter. Der zweite dagegen sagt: Das sind Wasserpartien, die schieben immer die unter ihnen liegenden hinunter, und dadurch geht dann das darüberliegende Wasser hinterher.

Nicht wahr, es wäre ein Mensch recht albern, der von einer solchen Schieberei sprechen würde. Aber nehmen wir an, es handle sich nicht um einen Bach oder einen Strom, sondern um die Geschichte der Menschheit, und es würde ein solcher zuletzt Charakterisierter sagen: Das einzige, was ich dir glaube, ist dies: Jetzt leben wir im 20. Jahrhundert, da haben sich gewisse Ereignisse abgespielt; die sind bewirkt von solchen im letzten Drittel des 19. Jahrhunderts; diese letzteren sind wieder verursacht von denen im zweiten Drittel des 19. Jahrhunderts und diese wieder von denen aus dem ersten Drittel. – Das nennt man pragmatische Geschichtsauffassung, wo man in dem Sinne von Ursachen und Wirkungen spricht, daß man immer aus den betreffenden vorhergehenden Ereignissen die folgenden erklärt. So wie jemand die Schwerkraft leugnen und sagen kann, da schiebe bei den Wasserpartien immer jemand nach, so ist es auch, wenn jemand pragmatische Geschichte treibt und den Zustand im 19. Jahrhundert als eine Folge der Französischen Revolution erklärt. Wir freilich sagen: Nein, es sind noch andere Kräfte da außer denen, die da hinten schieben, die überhaupt gar nicht einmal im richtigen Sinne vorhanden sind. Denn geradesowenig wie jene Kräfte beim Bergstrome dahinten schieben, sowenig schieben die dahinterstehenden Ereignisse in der Geschichte der Menschheit; sondern es kommen immer neue Einflüsse aus der geistigen Welt, wie bei der Quelle die Schwerkraft immerfort wirkt; und mit anderen Kräften kreuzen sie sich, wie sich die Schwerkraft bei dem Strom kreuzt mit der Haltekraft des Berges. Wäre nur die eine Kraft vorhanden, dann würdest du sehen, daß die Geschichte ganz anders verläuft. Aber du siehst nicht die einzelnen Kräfte darin. Du siehst nicht das, was physische Weltentwickelung ist, was beschrieben wurde als Folge der Saturn-, Sonnen-, Mond- und Erdenentwickelung; und du siehst nicht das, was fortwährend mit den Menschenseelen vorgeht, welche die geistige Welt durchleben und wieder herunterkommen, was aus den geistigen Welten immer wieder in diese Entwickelung hereinkommt. Das leugnest du einfach.

Aber wir haben eine solche Geschichtsauffassung, die sich ausnimmt, wie wenn jemand mit solchen eben charakterisierten Anschauungen kommen würde, und sie ist nicht so besonders selten. Sie wurde sogar im 19. Jahrhundert als ungeheuer geistreich aufgefaßt. Was würden wir aber dazu sagen können von dem eben gewonnenen Gesichtspunkte aus? Wenn jemand von dem Bergstrome dasselbe behauptete wie von der Geschichte, so würde er einen absoluten Unsinn behaupten. Was liegt denn aber da vor, daß er denselben Unsinn behauptet in bezug auf die Geschichte? – Die Geschichte ist so kompliziert, daß man nicht merkt, daß sie als pragmatische Geschichte fast überall so vorgetragen wird; man merkt es nur nicht.

Wir sehen daraus, daß allerdings die Geisteswissenschaft, welche für die Auffassung des Lebens gesunde Prinzipien zu gewinnen hat, auf den mannigfaltigen Gebieten des Lebens etwas zu tun hat; daß tatsächlich eine gewisse Notwendigkeit besteht, das Denken erst zu lernen, sich erst bekanntzumachen mit den inneren Gesetzen und Impulsen des Denkens. Sonst kann einem nämlich allerlei Groteskes passieren. So zum Beispiel holpert, stolpert, humpelt einer gerade an dem Problem Denken und Sprache heute daher. Das ist der berühmte Sprachkritiker *Fritz Mauthner,* der jetzt auch ein großes philosophisches Wörterbuch geschrieben hat. Die dicke Mauthnersche «Kritik der Sprache» hat jetzt schon die zweite Auflage erlebt; es ist also ein berühmtes Buch für unsere Zeitgenossen geworden. Viel Geistreiches ist in diesem Buche enthalten, aber auch schreckliche Dinge. So zum Beispiel kann man darin den kuriosen Denkfehler finden – und man stolpert fast nach jeder fünften Zeile über einen solchen Denkfehler –, daß der gute Mauthner die Nützlichkeit der Logik anzweifelt. Denn für ihn ist Denken überhaupt nur Sprechen, und dann hat es keinen Sinn, Logik zu treiben, dann treibt man nur Grammatik. Aber außerdem sagt er: Da es also eine Logik mit Recht gar nicht geben kann, so sind also die Logiker alle Toren gewesen. Schön. Und dann sagt er: Im gewöhnlichen Leben entstehen ja aus Schlüssen Urteile und aus Urteilen erst Vorstellungen. So machen es die Menschen. Wozu braucht man dann erst eine Logik, wenn die Menschen es so machen, daß sie aus Schlüssen Urteile, aus Urteilen Vorstellungen entstehen lassen? Wozu brauchen wir da eine Logik? – Es ist das ebenso geistreich, als wenn jemand sagte: Wozu braucht man eine Botanik? Im vorigen Jahr und vor zwei Jahren sind noch immer die Pflanzen gewachsen! – Aber solche Logik findet man bei dem, der die Logik verpönt. Es ist ja begreiflich, daß er sie verpönt. Man findet noch viel merkwürdigere Dinge in diesem sonderbaren Buche, das mit Bezug auf das Verhältnis zwischen Denken und Sprechen nicht zur Klarheit, sondern zur Konfusion kommt.

Ich sagte, daß wir einen Unterbau brauchen für die Dinge, die uns allerdings zu den Höhen geistiger Betrachtung führen sollen. Ein Unterbau, wie er heute ausgeführt worden ist, mag manchem etwas abstrakt erscheinen; aber wir werden ihn brauchen. Und ich denke, ich versuche die Sache doch so leicht zu machen, daß durchsichtig sein kann, worauf es ankommt. Besonders möchte ich Wert darauf legen, daß man schon durch solche einfachen Betrachtungen einen Begriff davon bekommen kann, wo die Grenze liegt zwischen dem Reiche der Geister der Form und dem Reiche der Geister der Bewegung. Daß man aber einen solchen Begriff bekommt, hängt innig damit zusammen, ob man überhaupt allgemeine Gedanken zugeben darf oder ob man nur Vorstellungen oder Begriffe von einzelnen Dingen zugeben darf. Ich sage ausdrücklich: zugeben darf.

Auf diese Voraussetzungen, zu denen ich, weil sie etwas abstrakt sind, nichts weiter hinzufüge, wollen wir morgen weiter aufbauen.

ZWEITER VORTRAG

Berlin, 21. Januar 1914

Im Grunde genommen macht die Beschäftigung mit der Geisteswissenschaft ein nebenhergehendes, fortwährendes praktisches Leben in den geistigen Verrichtungen notwendig. Es ist eigentlich unmöglich, über die mancherlei Dinge, die gestern besprochen worden sind, zur völligen Klarheit zu kommen, wenn man nicht versucht, durch eine Art lebendigen Erfassens der Verrichtungen des geistigen Lebens, namentlich des denkerischen Lebens auch, mit den Dingen zurechtzukommen. Denn warum ist es im Geistesleben so, daß zum Beispiel Unklarheit herrscht über die Beziehungen der allgemeinen Begriffe, des Dreiecks im allgemeinen, zu den besonderen Vorstellungen der einzelnen Dreiecke bei Leuten, die sich gerade berufsmäßig denkerisch mit den Dingen beschäftigen? Woher kommen denn solche ganze Jahrhunderte beschäftigenden Dinge, wie das gestern angeführte Beispiel mit den hundert möglichen und den hundert wirklichen kantischen Talern? Woher kommt es denn, daß man die einfachsten Überlegungen nicht anstellt, die notwendig wären, um einzusehen, daß es so etwas wie eine pragmatische Geschichtsschreibung, wonach immer das Folgende aus dem Vorhergehenden sich herleitet, nicht geben kann? Woher kommt es, daß eine solche Überlegung nicht angestellt wird, die einen stutzig machen würde in bezug auf das, was in den weitesten Kreisen als eine eben unmögliche Art der Auffassung menschlicher Geschichte sich verbreitet hat? Woher kommen alle diese Dinge?

Sie kommen davon her, daß man sich wirklich auch dort, wo es sein sollte, viel zuwenig Mühe gibt, in einer präzisen Art die Verrichtungen des geistigen Lebens handhaben zu lernen. In unserer Zeit will ja jeder wenigstens das Folgende berechtigterweise beanspruchen können, er will sagen können: Denken, nun selbstverständlich, das kann man doch. Also fängt man an zu denken. Da gibt es Weltanschauungen in der Welt. Viele, viele Philosophen haben existiert. Man merkt, der eine hat dies, der andere jenes gesagt.

Nun, daß das auch so halbwegs gescheite Leute waren, die auf vieles hätten aufmerksam werden können, was man selber als Widerspruch bei ihnen findet, darüber reflektiert man nicht, darüber denkt man nicht weiter nach. Aber man tut sich um so mehr darauf zugute, daß man doch «denken» kann. Also man kann nachdenken, was die Leute da gedacht haben, und ist überzeugt davon, daß man schon selber das Rechte finden werde. Denn man darf heute nicht auf Autorität etwas geben! Das widerspricht der Würde der Menschennatur. Man muß selber denken. Auf dem Gebiete des Denkens hält man das durchaus so.

Ich weiß nicht, ob die Leute sich überlegt haben, daß sie es auf allen anderen Gebieten des Lebens nicht so halten. So fühlt sich zum Beispiel keiner dem Autoritätsglauben oder der Autoritätssucht hingegeben, wenn er sich seinen Rock beim Schneider oder seine Schuhe beim Schuhmacher machen läßt. Er sagt nicht: Das ist unter der Würde des Menschen, daß man sich die Dinge von Menschen machen läßt, von denen man wissen kann, daß sie die entsprechenden Dinge handhaben können. Ja, man gibt vielleicht sogar zu, daß man diese Dinge lernen müsse. Bezüglich des Denkens gibt man das im praktischen Leben nicht zu, daß man Weltanschauungen auch haben müsse von dorther, wo man Denken und noch manches andere gelernt hat. Das wird man heute wirklich nur in den wenigsten Fällen zugeben.

Das ist eines, was unser Leben in den weitesten Kreisen beherrscht, was geradezu dazu beiträgt, daß der menschliche Gedanke in unserer Zeit kein sehr verbreitetes Produkt ist. Ich denke, man könnte das ja auch begreiflich finden. Denn nehmen wir an, es würden einmal alle Menschen sagen: Stiefel machen lernen, das ist eine längst nicht mehr menschenwürdige Sache; wir machen einmal alle Stiefel – so weiß ich nicht, ob dabei lauter gute Stiefel herauskommen würden. Aber jedenfalls gehen in bezug auf das Prägen richtiger Gedanken in der Weltanschauung die Menschen in der Gegenwart meistens von dieser Ansicht aus. Das ist das eine, was dazu beiträgt, daß der Satz, den ich gestern gesprochen habe, schon seine tiefere Bedeutung hat: daß der Gedanke zwar dasjenige ist, in dem der Mensch sozusagen völlig drinnen ist und den er daher in seinem Innensein überschauen kann, daß aber der Gedanke nicht so verbreitet ist, als man denken möchte. Dazu kommt allerdings in unserer Zeit noch eine ganz besondere Prätention, die allmählich darauf hinauslaufen könnte, jede Klarheit über den Gedanken überhaupt zu trüben. Auch damit muß man sich beschäftigen. Man muß wenigstens einmal den Blick darauf wenden.

Nehmen wir einmal folgendes an: Es hätte in Görlitz einen Schuhmacher namens *Jakob Böhme* gegeben. Und jener Schuhmacher namens Jakob Böhme hätte das Schuhmacherhandwerk gelernt, hätte gut gelernt, wie man Sohlen zuschneidet, wie man den Schuh über den Leisten formt, wie man Nägel in Sohlen und Leder hineintreibt und so weiter. Das hätte er alles aus dem Fundament heraus klar gewußt und gekonnt. Nun wäre dieser Schuhmacher namens Jakob Böhme hergegangen und hätte gesagt: Jetzt will ich einmal sehen, wie die Welt konstruiert ist. Nun, ich nehme einmal an, der Welt liegt zugrunde ein großer Leisten. Über diesen Leisten sei einmal das Weltenleder darübergezogen worden. Dann wären die Weltennägel genommen worden, und man hätte die Weltensohle durch Weltennägel in Verbindung gebracht mit dem Weltenlederüberzug. Dann hätte man die Weltenschuhwichse genommen und den ganzen Weltenschuh gewichst. So kann ich mir erklären, daß es am Morgen hell wird. Da glänzt eben die Schuhwichse der Welt. Und wenn diese Schuhwichse der Welt am Abend übertüncht ist von allem möglichen, so glänzt sie dann nicht mehr. Daher stelle ich mir vor, daß irgend jemand in der Nacht zu tun hat, um den Weltenstiefel neu zu wichsen. Und so entsteht der Unterschied zwischen Tag und Nacht.

Nehmen wir an, Jakob Böhme hätte dies gesagt. Ja, sie lachen, weil Jakob Böhme dies allerdings nicht gesagt hat, sondern er hat für die Görlitzer Bürgerschaft anständige Schuhe gemacht, hat dazu seine Schuhmacherkunst benutzt. Er hat aber auch seine grandiosen Gedanken entfaltet, durch die er eine Weltanschauung aufbauen wollte. Da hat er zu anderem gegriffen. Er hat sich gesagt: Da würden meine Gedanken des Schuhmachens nicht ausreichen; denn will ich Weltgedanken haben, so darf ich nicht Gedanken, durch die ich Schuhe mache für die Leute, auf das Weltgebäude anwenden. Und er ist zu seinen erhabenen Gedanken über die Welt gekommen. Also jenen Jakob Böhme, den ich zuerst in der Hypothese konstruiert habe, hat es in Görlitz nicht gegeben, sondern jenen anderen, der gewußt hat, wie man es macht.

Aber jene hypothetischen Jakob Böhmes, die so sind wie jener, über den Sie gelacht haben, die existieren heute überall. Da finden wir zum Beispiel Physiker, Chemiker. Sie haben die Gesetze gelernt, nach denen man Stoffe in der Welt verbindet und trennt. Da gibt es Zoologen, die haben gelernt, wie man Tiere untersucht und beschreibt. Da gibt es Mediziner, die haben gelernt, wie man den physischen Menschenleib und das, was sie die Seele nennen, zu behandeln hat. Was tun diese? Sie sagen: Wenn man eine Weltanschauung sich suchen will, so nimmt man die Gesetze, die man in der Chemie, in der Physik oder in der Physiologie gelernt hat – andere darf es nicht geben –, und daraus konstruiert man sich eine Weltanschauung. Genauso machen es diese Menschen, wie es der eben hypothetisch konstruierte Schuhmacher gemacht hätte, wenn er den Weltenstiefel konstruiert hätte. Nur merkt man heute nicht, daß methodisch die Weltanschauungen genau ebenso zustande kommen wie jener hypothetische Weltenstiefel. Es sieht allerdings etwas grotesk aus, wenn man sich den Unterschied von Tag und Nacht durch Abnutzen des Schuhleders und durch Wichsen in der Nacht vorstellt. Aber vor einer wahren Logik ist es im Prinzip genau dasselbe, als wenn man mit den Gesetzen der Chemie, der Physik, der Biologie und Physiologie ein Weltgebäude zustande bringen will. Ganz genau dasselbe Prinzip! Es ist die ungeheure Überhebung des Physikers, des Chemikers, des Physiologen, des Biologen, die nichts anderes sein wollen als Physiker, Chemiker, Physiologen, Biologen und dennoch über die ganze Welt ein Urteil haben wollen.

Es handelt sich eben überall darum, daß man den Dingen auf den Grund geht und daß man es auch nicht vermeidet, durch Zurückführung desjenigen, was nicht so durchsichtig ist, auf seine wahre Formel, ein wenig hineinzuleuchten in die Dinge. Wenn man also methodisch-logisch das alles ins Auge faßt, dann braucht man sich nicht zu verwundern, daß bei so vielen Weltanschauungsversuchen der Gegenwart eben nichts anderes herauskommt als der «Weltenstiefel». Und das ist so etwas, was hinweisen kann auf die Beschäftigung mit der Geisteswissenschaft und auf die Beschäftigung mit praktischen Denkverrichtungen, was einen geneigt machen kann, sich damit zu beschäftigen, wie man denken muß, damit man durchschauen kann, wo Unzulänglichkeiten in der Welt vorhanden sind.

Ein anderes möchte ich anführen, um zu zeigen, wo die Wurzel unzähliger Mißverständnisse gegenüber den Weltauffassungen liegt. Macht man denn nicht, wenn man sich mit Weltanschauungen beschäftigt, immer wieder und wieder die Erfahrung: da glaubt der eine dieses, der andere jenes; der eine verteidigt mit manchmal guten Gründen – denn gute Gründe kann man für alles finden – das eine, der andere mit ebenso guten Gründen das andere; und der eine widerlegt das eine ebenso gut, wie der andere mit guten Gründen widerlegt? Anhängerschaften entstehen ja in der Welt zunächst nicht dadurch, daß der eine oder der andere auf gerechtem Wege überzeugt wird von dem, was da oder dort gelehrt wird. Nehmen Sie nur einmal die Wege, die die Schüler großer Männer wandeln müssen, um zu dem oder jenem großen Manne hinzukommen, dann werden Sie sehen, daß darin für uns zwar etwas Gewichtiges in bezug auf das Karma liegt, aber hinsichtlich der Anschauungen, die heute in der äußeren Welt existieren, muß man sagen: Ob der eine nun ein Bergsonianer oder ein Haeckelianer oder dies oder jenes wird, das ist – wie gesagt, Karma erkennt ja die heutige äußere Weltanschauung nicht an –, das ist schließlich wirklich von anderen Dingen abhängig als davon, daß man durchaus nur auf dem Wege der tiefsten Überzeugung dem anhängt, zu dem man gerade geführt worden ist. Gekämpft wird hinüber und herüber. Und ich habe gestern gesagt: Es gab einmal Nominalisten, solche Menschen, welche behaupteten, die allgemeinen Begriffe hätten überhaupt keine Realität, wären bloße Namen. Sie haben Gegner gehabt, diese Nominalisten. Man nannte in der damaligen Zeit – das Wort hatte damals eine andere Bedeutung als heute – die Gegner der Nominalisten Realisten. Diese behaupteten: Die allgemeinen Begriffe sind nicht bloß Worte, sondern sie beziehen sich auf eine ganz bestimmte Realität.

Im Mittelalter wurde ja die Frage «Realismus oder Nominalismus» ganz besonders für die Theologie eine brennende auf einem Gebiete, das heute die Denker nur noch wenig beschäftigt. Denn in der Zeit, als die Frage «Nominalismus oder Realismus» auftauchte, im 11. bis 13. Jahrhundert, da war etwas, was zu dem wichtigsten menschlichen Bekenntnisse gehörte, die Frage nach den drei «göttlichen Personen», Vater, Sohn und Heiliger Geist, die ein göttliches Wesen bilden, die aber doch drei wahre Personen sein sollten. Und die Nominalisten behaupteten: Diese drei göttlichen Personen existieren nur im einzelnen, «Vater» für sich, «Sohn» für sich, «Geist» für sich; und wenn man von einem gemeinsamen Gotte spricht, der diese drei umfaßt, so ist das nur ein Name für die drei. – So schaffte der Nominalismus die Einheit in der Trinität hinweg, und die Nominalisten erklärten gegenüber den Realisten die Einheit nicht nur für logisch absurd, sondern sie hielten sogar für ketzerisch, was die Realisten behaupteten, daß die drei Personen nicht bloß eine gedachte, sondern eine reale Einheit bilden sollten.

Nominalismus und Realismus waren also Gegensätze. Und wahrhaftig, wer sich in die Literatur vertieft, die aus dem Nominalismus und Realismus hervorgegangen ist in den gekennzeichneten Jahrhunderten, der bekommt einen tiefen Einblick in das, was menschlicher Scharfsinn aufbringen kann, denn sowohl für den Nominalismus wie für den Realismus sind die scharfsinnigsten Gründe aufgebracht worden. Es war ja damals schwieriger, ein solches Denken sich anzueignen, weil es damals noch keine Buchdruckerkunst gab und man durchaus nicht so leicht dazu kam, sich an solchen Streitigkeiten zu beteiligen, wie es zum Beispiel die zwischen Nominalisten und Realisten waren; so daß der, welcher sich an solchen Streiten beteiligte, im Sinne der damaligen Zeit viel besser vorbereitet sein mußte, als heute Menschen vorbereitet sind, die sich an den Streiten beteiligen. Eine Unsumme von Scharfsinn ist aufgeboten worden, um den Realismus zu verteidigen, eine andere Unsumme von Scharfsinn ist aufgeboten worden, um den Nominalismus zu verteidigen.

Woher kommt so etwas? Es ist doch betrüblich, daß es so etwas gibt. Wenn man tiefer nachdenkt, muß man sagen, daß es betrüblich ist, daß es so etwas gibt. Denn man kann sich, wenn man tiefer nachdenkt, doch sagen: Was nützt es dir denn, daß du gescheit bist? Du kannst gescheit sein und den Nominalismus verteidigen, und du kannst ebenso gescheit sein und den Nominalismus widerlegen. Man kann irre werden an der ganzen menschlichen Gescheitheit! Es ist betrüblich, auch nur einmal hinzuhorchen auf das, was mit solchen Charakteristiken gemeint ist.

Nun wollen wir einmal dem eben Gesagten etwas gegenüberstellen, was vielleicht gar nicht einmal so scharfsinnig ist wie vieles, was für den Nominalismus oder für den Realismus aufgebracht worden ist, was aber vielleicht gegenüber dem vielen einen Vorzug hat: daß es geradenwegs auf das Ziel losgeht, das heißt, daß es die Richtung findet, in der man zu denken hat.

Nehmen Sie einmal an, Sie versetzten sich in die Art, wie man allgemeine Begriffe bildet, wie man also eine Menge von Einzelheiten zusammenfaßt. Auf zweifache Weise kann man – zunächst an einem Beispiele – Einzelheiten zusammenfassen. Man kann da so, wie das der Mensch in seinem Leben tut, durch die Welt schlendern und eine Reihe gewisser Tiere sehen, welche seidig oder wollig, verschieden gefärbt sind, Schnauzhaare haben und die zu gewissen Zeiten eine eigentümliche, an das menschliche Waschen erinnernde Tätigkeit verrichten, die Mäuse fressen und so weiter. Man kann solche Wesen, die man so beobachtet hat, Katzen nennen. Dann hat man einen allgemeinen Begriff, Katze, gebildet. Alle diese Wesen, die man so gesehen hat, haben etwas zu tun mit dem, was man die Katzen nennt.

Aber nehmen wir an, man machte das Folgende. Man habe ein reiches Leben durchgemacht, und zwar ein solches Leben, das einen zusammengebracht hat mit recht vielen Katzenbesitzern oder -besitzerinnen, und dabei habe man gefunden, daß eine große Anzahl von Katzenbesitzern ihre Katze «Mufti» genannt haben. Da man das in sehr vielen Fällen gefunden hat, so faßt man alle die Wesen, die man mit dem Namen Mufti belegt gefunden hat, zusammen unter dem Namen «die Mufti». Äußerlich angesehen, haben wir den allgemeinen Begriff Katze und den allgemeinen Begriff Mufti. Dasselbe Faktum liegt vor, der allgemeine Begriff; und zahlreiche Einzelwesen gehören beide Male unter den allgemeinen Begriff. Dennoch wird niemand behaupten, daß der allgemeine Begriff Mufti eine gleiche Bedeutung habe mit dem allgemeinen Begriffe Katze. Hier haben Sie in der Realität den Unterschied wirklich gegeben. Das heißt, bei dem, was man verübt hat, indem man den allgemeinen Begriff Mufti gebildet hat, der nur eine Zusammenfassung von Namen ist, die als Eigennamen gelten müssen, dabei hat man sich nach dem Nominalismus gerichtet und mit Recht; und indem man den allgemeinen Begriff Katze gebildet hat, hat man sich nach dem Realismus gerichtet und mit Recht. Für den einen Fall ist der Nominalismus richtig, für den anderen der Realismus. Beide sind richtig. Man muß nur diese Dinge in ihren richtigen Gebieten anwenden. Und wenn die beiden richtig sind, dann ist es nicht zu verwundern, wenn man gute Gründe für das eine oder das andere aufbringen kann. Ich habe nur ein etwas groteskes Beispiel mit dem Namen Mufti gebraucht. Aber ich könnte ein viel bedeutsameres Beispiel Ihnen anführen und will dieses Beispiel gerade einmal vor Ihnen ins Auge fassen.

Es gibt ein ganzes Gebiet im Umkreis unserer äußeren Erfahrung, für welches der Nominalismus, das heißt die Vorstellung, daß das Zusammenfassende nur ein Name ist, seine volle Berechtigung hat. Es gibt «eins», es gibt «zwei», es gibt «drei», «vier», «fünf» und so weiter. Aber unmöglich kann jemand, der die Sachlage überschaut, in dem Ausdruck «Zahl» etwas finden, was wirklich eine Existenz hat. Die Zahl hat keine Existenz. «Eins», «zwei», «drei», «fünf», «sechs» und so weiter, das hat Existenz. Das aber, was ich gestern gesagt habe, daß man, um den allgemeinen Begriff zu finden, das Entsprechende in Bewegung übergehen lassen soll, kann man bei dem Begriffe Zahl nicht machen. Denn die Eins geht nie in die Zwei über; man muß immer eins dazugeben. Auch nicht im Gedanken geht die Eins in die Zwei über, die Zwei in die Drei auch nicht. Es existieren nur einzelne Zahlen, nicht die Zahl im allgemeinen. Für das, was in den Zahlen vorhanden ist, ist der Nominalismus absolut richtig; für das, was so vorhanden ist wie das einzelne Tier gegenüber seiner Gattung, ist der Realismus absolut richtig. Denn unmöglich kann ein Hirsch und wieder ein Hirsch und wieder ein Hirsch existieren, ohne daß die Gattung Hirsch existiert. «Zwei» kann für sich existieren, «eins», «sieben» und so weiter kann für sich existieren. Insofern aber das Wirkliche in der Zahl auftritt, ist das, was Zahl ist, ein Einzelnes, und der Ausdruck Zahl hat keine irgendwie geartete Existenz. Ein Unterschied ist eben zwischen den äußeren Dingen und ihrer Beziehung zu den allgemeinen Begriffen, und das eine muß im Stile des Nominalismus, das andere im Stile des Realismus behandelt werden.

Auf diese Weise kommen wir, indem wir den Gedanken einfach die richtige Richtung geben, zu etwas ganz anderem. Jetzt beginnen wir zu verstehen, warum so viele Weltanschauungsstreitigkeiten in der Welt existieren. Die Menschen sind im allgemeinen nicht geneigt, wenn sie eines begriffen haben, auch noch das andere zu begreifen. Wenn einer einmal auf einem Gebiete begriffen hat: Allgemeine Begriffe haben keine Existenz –, so verallgemeinert er das, was er erkannt hat, auf die ganze Welt und ihre Einrichtung. Dieser Satz: Allgemeine Begriffe haben keine Existenz – ist nicht falsch; denn er ist für das Gebiet, das der Betreffende angeschaut hat, richtig. Falsch ist nur die Verallgemeinerung. Es ist so wesentlich, wenn man überhaupt über das Denken sich eine Vorstellung machen will, daß man sich darüber klar wird, daß die Wahrheit eines Gedankens auf seinem Gebiete noch nichts aussagt über die allgemeine Gültigkeit eines Gedankens. Ein Gedanke kann durchaus auf seinem Gebiete richtig sein; aber nichts wird dadurch ausgemacht über die allgemeine Gültigkeit des Gedankens. Beweist man mir daher dieses oder jenes, und beweist man es mir noch so richtig, unmöglich kann es sein, dieses also Bewiesene auf ein Gebiet anzuwenden, auf das es nicht hingehört. Es ist daher notwendig, daß sich der, welcher sich ernsthaft mit den Wegen beschäftigen will, die zu einer Weltanschauung führen, vor allen Dingen damit bekannt macht, daß Einseitigkeit der größte Feind aller Weltanschauungen ist und daß es vor allen Dingen nötig ist, die Einseitigkeit zu meiden. Einseitigkeit müssen wir meiden. Das ist das, worauf ich insbesondere heute hindeuten will, wie wir nötig haben, Einseitigkeiten zu meiden.

Fassen wir zunächst heute das, was in den nächsten Vorträgen im einzelnen seine Erklärung finden soll, so ins Auge, daß wir uns zunächst einen Überblick darüber verschaffen.

Es kann Menschen geben, welche einmal so veranlagt sind, daß es ihnen unmöglich ist, den Weg zum Geiste zu finden. Es wird schwer werden, solchen Menschen das Geistige jemals zu beweisen. Sie bleiben bei dem stehen, wovon sie etwas wissen, wovon etwas zu wissen sie veranlagt sind. Sie bleiben, sagen wir, bei dem stehen, was den grobklotzigsten Eindruck auf sie macht, beim Materiellen. Ein solcher Mensch ist ein Materialist, und seine Weltanschauung ist Materialismus. Man hat nicht nötig, das, was von den Materialisten zur Verteidigung, zum Beweise des Materialismus aufgebracht worden ist, immer töricht zu finden, denn es ist ungeheuer viel Scharfsinniges auf diesem Gebiete geschrieben worden. Was geschrieben worden ist, das gilt zunächst für das materielle Gebiet des Lebens, gilt für die Welt des Materiellen und ihre Gesetze.

Andere Menschen kann es geben, die sind durch eine gewisse Innerlichkeit von vornherein dazu veranlagt, in allem Materiellen nur die Offenbarung des Geistigen zu sehen. Sie wissen natürlich so gut wie die Materialisten, daß äußerlich Materielles vorhanden ist; aber sie sagen: Das Materielle ist nur die Offenbarung, die Manifestation des zugrunde liegenden Geistigen. Solche Menschen interessieren sich vielleicht gar nicht besonders für die materielle Welt und ihre Gesetze. Sie gehen vielleicht, indem sie in sich alles bewegen, was ihnen Vorstellungen vom Geistigen geben kann, mit dem Bewußtsein durch die Welt: Das Wahre, das Hohe, das, womit man sich beschäftigen soll, was wirklich Realität hat, ist doch nur der Geist; die Materie ist doch nur Täuschung, ist nur eine äußere Phantasmagorie. Es wäre das ein extremer Standpunkt, aber es kann ihn geben, und er kann bis zu einer völligen Leugnung des materiellen Lebens führen. Wir würden von solchen Menschen sagen müssen: Sie erkennen voll an, was allerdings das Realste ist, den Geist; aber sie sind einseitig, sie leugnen die Bedeutung des Materiellen und seiner Gesetze. Viel Scharfsinn wird sich aufbringen lassen, um die Weltanschauung solcher Menschen zu vertreten. Nennen wir die Weltanschauung solcher Menschen Spiritualismus. Kann man sagen, daß die Spiritualisten recht haben? Für den Geist werden ihre Behauptungen außerordentlich Richtiges zutage fördern können, doch über das Materielle und seine Gesetze werden sie vielleicht wenig Bedeutsames zutage fördern können. Kann man sagen, daß die Materialisten mit ihren Behauptungen recht haben? Ja, über die Materie und ihre Gesetze werden sie vielleicht außerordentlich Nützliches und Wertvolles zutage fördern können; wenn sie aber über den Geist sprechen, dann werden sie vielleicht nur Torheiten herausbringen. Wir müssen also sagen: Für ihre Gebiete haben die Bekenner dieser Weltanschauungen recht.

Es kann Menschen geben, die sagen: Ja, ob es nun in der Welt der Wahrheit nur Materie oder nur Geist gibt, darüber kann ich nichts Besonderes wissen; darauf kann sich das menschliche Erkenntnisvermögen überhaupt nicht beziehen. Klar ist nur das eine, daß eine Welt um uns ist, die sich ausbreitet. Ob ihr das zugrunde liegt, was die Chemiker, die Physiker, wenn sie Materialisten werden, die Atome der Materie nennen, das weiß ich nicht. Ich erkenne aber die Welt an, die um mich herum ausgebreitet ist; die sehe ich, über die kann ich denken. Ob ihr noch ein Geist zugrunde liegt oder nicht, darüber etwas anzunehmen, habe ich keine besondere Veranlassung. Ich halte mich an das, was um mich herum ausgebreitet ist. – Solche Menschen kann man mit etwas anderer Wortbedeutung, als ich das Wort vorher brauchte, Realisten nennen und ihre Weltanschauung Realismus. Genau ebenso, wie man unendlichen Scharfsinn aufbringen kann für den Materialismus wie für den Spiritualismus und wie man daneben auch sehr Scharfsinniges über den Spiritualismus und die größten Torheiten über das Materielle sagen kann, wie man sehr scharfsinnig über die Materie und sehr töricht über das Spirituelle sprechen kann, so kann man die scharfsinnigsten Gründe für den Realismus aufbringen, der weder Spiritualismus noch Materialismus ist, sondern das, was ich eben jetzt charakterisiert habe.

Es kann aber noch andere Menschen geben, die etwa folgendes sagen. Um uns herum ist die Materie und die Welt der materiellen Erscheinungen. Aber die Welt der materiellen Erscheinungen ist eigentlich in sich sinnleer. Sie hat keinen rechten Sinn, wenn nicht in ihr jene Tendenz liegt, die sich eben bewegt nach vorwärts, wenn nicht aus dieser Welt, die da um uns herum ausgebreitet ist, das geboren werden kann, wonach die Menschenseele sich richten kann als nicht in der Welt enthalten, die um uns herum ausgebreitet ist. Es muß nach der Anschauung solcher Menschen das Ideelle und das Ideale im Weltprozesse drinnen sein. Solche Menschen geben den realen Weltprozessen ihr Recht. Sie sind nicht Realisten, trotzdem sie dem realen Leben recht geben, sondern sie sind der Anschauung, das reale Leben muß durchtränkt werden von dem Ideellen, nur dann bekommt es einen Sinn. – In einem Anfluge von solcher Stimmung hat *Fichte* einmal gesagt: Alle Welt, die sich um uns herum ausbreitet, ist das versinnlichte Material für die Pflichterfüllung. – Die Vertreter solcher Weltanschauung, die alles nur Mittel sein läßt für Ideen, die den Weltprozeß durchdringen, kann man Idealisten nennen und ihre Weltanschauung Idealismus. Schönes und Großes und Herrliches ist für diesen Idealismus vorgebracht worden. Und auf dem Gebiete, das ich eben charakterisiert habe, wo es darauf ankommt, zu zeigen, wie die Welt zweck- und sinnlos wäre, wenn die Ideen nur menschliche Phantasiegebilde wären und nicht im Weltprozesse drinnen wirklich begründet wären, auf diesem Gebiete hat der Idealismus seine volle Bedeutung. Aber mit diesem Idealismus kann man zum Beispiel die äußere Wirklichkeit, die äußere Realität des Realisten nicht erklären. Daher hat man zu unterscheiden von den anderen eine Weltanschauung, die Idealismus genannt werden kann.

Materialismus

Idealismus Realismus

Spiritualismus

Wir haben jetzt schon vier nebeneinander berechtigte Weltanschauungen, von denen jede ihre Bedeutung hat für ihr besonderes Gebiet. Zwischen dem Materialismus und dem Idealismus ist ein gewisser Übergang. Der ganz grobe Materialismus – man kann ihn ja besonders in unserer Zeit, obwohl er heute schon im Abfluten ist, gut beobachten – wird darin bestehen, daß man bis zum Extrem ausbildet das Kantische Diktum – Kant selber hat es nicht getan! –, daß in den einzelnen Wissenschaften nur so viel wirkliche Wissenschaft ist, als darin Mathematik ist. Das heißt, man kann vom Materialisten zum Rechenknecht des Universums werden, indem man nichts anderes gelten läßt als die Welt, angefüllt mit materiellen Atomen. Sie stoßen sich, wirbeln durcheinander, und man rechnet dann aus, wie die Atome durcheinanderwirbeln. Da bekommt man sehr schöne Resultate heraus, was bezeugen mag, daß diese Weltanschauung ihre volle Berechtigung hat. So bekommt man zum Beispiel die Schwingungszahlen für Blau, für Rot und so weiter; man bekommt die ganze Welt wie eine Art von mechanischem Apparat und kann diesen fein berechnen. Man kann aber etwas irre werden an dieser Sache. Man kann sich zum Beispiel sagen: Ja, aber wenn man eine noch so komplizierte Maschine hat, so kann doch aus dieser Maschine niemals, selbst wenn sie noch so kompliziert sich bewegt, hervorgehen, wie man etwa Blau, Rot und so weiter empfindet. Wenn also das Gehirn nur eine komplizierte Maschine ist, so kann doch aus dem Gehirn nicht das hervorgehen, was man als Seelenerlebnisse hat. Aber man kann dann sagen, wie einstmals *Du Bois-Reymond* gesagt hat: Man wird, wenn man die Welt nur mathematisch erklären will, zwar die einfachste Empfindung nicht erklären können; will man aber bei der mathematischen Erklärung nicht stehenbleiben, so wird man unwissenschaftlich. – Der grobe Materialist würde sagen: Nein, ich rechne auch nicht; denn das setzt schon einen Aberglauben voraus, den Aberglauben, daß ich annehme, daß die Dinge nach Maß und Zahl geordnet sind. Und wer nun über diesen groben Materialismus sich erhebt, wird ein mathematischer Kopf und läßt nur das als wirklich gelten, was eben in Rechenformeln gebracht werden kann. Das ergibt eine Weltanschauung, die eigentlich nichts gelten läßt als die mathematische Formel. Man kann sie Mathematizismus nennen.

Es kann sich aber einer nun überlegen und dann, nachdem er Mathematizist gewesen ist, sich sagen: Das kann kein Aberglaube sein, daß die blaue Farbe soundso viele Schwingungen hat. Mathematisch ist nun einmal doch die Welt angeordnet. Warum sollten, wenn mathematische Ideen in der Welt verwirklicht sind, nicht auch andere Ideen in der Welt verwirklicht sein? Ein solcher nimmt an: Es leben doch Ideen in der Welt. Aber er läßt nur diejenigen Ideen gelten, die er findet, nicht solche Ideen, die er von innen heraus etwa durch irgendeine Intuition oder Inspiration erfassen würde, sondern nur die, welche er von den äußerlich sinnlich-realen Dingen abliest. Ein solcher Mensch wird Rationalist, und seine Weltanschauung ist Rationalismus. – Läßt man zu den Ideen, die man findet, auch noch diejenigen gelten, die man aus dem Moralischen, aus dem Intellektuellen heraus gewinnt, dann ist man schon Idealist. So geht ein Weg von dem grobklotzigen Materialismus über den Mathematismus und Rationalismus zum Idealismus.

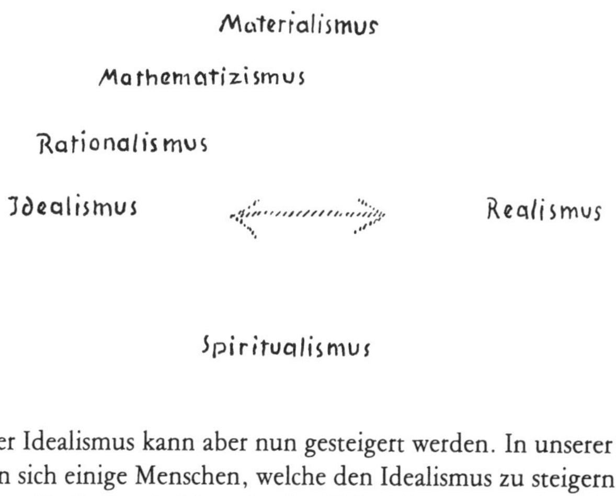

Der Idealismus kann aber nun gesteigert werden. In unserer Zeit finden sich einige Menschen, welche den Idealismus zu steigern versuchen. Sie finden ja Ideen in der Welt. Wenn man Ideen findet, dann muß auch solche Wesensart in der Welt vorhanden sein, in der Ideen leben könnten. In irgendeinem äußeren Dinge könnten doch nicht so ohne weiteres Ideen leben. Ideen können auch nicht gleichsam in der Luft hängen. Es hat zwar im 19. Jahrhundert den Glauben gegeben, daß Ideen die Geschichte beherrschen. Es war dies aber nur eine Unklarheit; denn Ideen als solche haben keine Kraft zum Wirken. Daher kann man von Ideen in der Geschichte nicht sprechen. Wer da einsieht, daß Ideen, wenn sie überhaupt da sein sollen, an ein Wesen gebunden sind, das Ideen eben haben kann, der wird nicht mehr bloßer Idealist sein, sondern er schreitet vor zu der Annahme, daß die Ideen an Wesen gebunden sind. Er wird Psychist, und seine Weltanschauung ist Psychismus. Der Psychist, der wieder ungeheuer viel Scharfsinn für seine Weltanschauung aufbringen kann, kommt zu dieser Weltanschauung auch nur durch eine Einseitigkeit, die er eventuell bemerken kann.

Ich muß hier gleich einfügen: Für alle die Weltanschauungen, die ich über den horizontalen Strich schreiben werde, gibt es Anhänger, und diese Anhänger sind zumeist Starrköpfe, die diese oder jene Weltanschauung durch irgendwelche Grundbedingungen, die sie in sich haben, nehmen und dabei stehenbleiben. Alles, was unter diesem Strich liegt (siehe Skizze Seite 42), hat Bekenner, die leichter zugänglich sind der Erkenntnis, daß die einzelnen Weltanschauungen immer nur von einem bestimmten Gesichtspunkte aus die Dinge ansehen, und die daher leichter dazu kommen, von der einen in die andere Weltanschauung überzugehen.

Wenn jemand Psychist ist und geneigt, weil er Erkenntnismensch ist, die Welt kontemplativ zu betrachten, so kommt er dazu, sich zu sagen, er muß in der Welt Psychisches voraussetzen. In dem Augenblicke aber, wo er nicht nur Erkenntnismensch ist, sondern wo er in ebensolcher Weise eine Sympathie für das Aktive, für das Tätige, für das Willensartige in der Menschennatur hat, da sagt er sich: Es genügt nicht, daß Wesen da sind, die nur Ideen haben können; diese Wesen müssen auch etwas Aktives haben, müssen auch handeln können. Das ist aber nicht zu denken, ohne daß diese Wesen individuelle Wesen sind. Das heißt, ein solcher steigt auf von der Annahme der Beseeltheit der Welt zu der Annahme des Geistes oder der Geister in der Welt. Es ist sich noch nicht klar, ob er einen oder mehrere Geistwesen annehmen soll, aber er steigt auf vom Psychismus zum Pneumatismus, zur Geistlehre.

Ist einer in Wirklichkeit Pneumatist geworden, so kann es durchaus vorkommen, daß er das einsieht, was ich heute über die Zahl gesagt habe, daß es in bezug auf die Zahlen in der Tat etwas Bedenkliches hat, von einer Einheit zu sprechen. Dann kommt er dazu, sich zu sagen: Dann wird es also eine Verworrenheit sein, von einem einheitlichen Geist, von einem einheitlichen Pneuma zu reden. Und er kommt dann allmählich dazu, von den Geistern der verschiedenen Hierarchien sich eine Vorstellung bilden zu können. Er wird dann im echten Sinne Spiritualist, so daß also auf dieser Seite ein unmittelbarer Übergang vom Pneumatismus zum Spiritualismus ist.

Alles, was ich auf die Tafel geschrieben habe, sind Weltanschauungen, die für ihre Gebiete ihre Berechtigung haben. Denn es gibt Gebiete, für die der Psychismus erklärend wirkt, es gibt Gebiete, für die der Pneumatismus erklärend wirkt. Will man allerdings so gründlich mit der Welterklärung zu Rate gehen, wie wir es versucht haben, dann muß man zum Spiritualismus kommen, zu der Annahme der Geister der Hierarchien. Dann kann man nicht beim Pneumatismus stehenbleiben; denn beim Pneumatismus stehenbleiben würde in diesem Falle das Folgende heißen. Wenn wir Spiritualisten sind, kann es uns begegnen, daß die Menschen sagen: Warum da so viele Geister? Warum da die Zahl anwenden? Es gibt einen einheitlichen Allgeist! – Wer sich tiefer auf die Sache einläßt, der weiß, daß es mit diesem Einwande ebenso ist, wie wenn jemand sagt: Da sagst du mir, dort wären zweihundert Mücken. Ich sehe aber keine zweihundert Mücken, ich sehe nur einen einzigen Mückenschwarm. – Genau so würde sich der Anhänger des Pneumatismus, des Pantheismus und so weiter gegenüber dem Spiritualisten verhalten. Der Spiritualist sieht die Welt erfüllt mit den Geistern der Hierarchien; der Pantheist sieht nur den einen Schwarm, sieht nur den einheitlichen Allgeist. Aber das beruht nur auf einer Ungenauigkeit des Anschauens.

Materialismus

Mathematizismus

Rationalismus

Idealismus ⟷ Realismus

Psychismus

Pneumatismus

Spiritualismus

Nun gibt es noch eine andere Möglichkeit: die, daß jemand nicht auf den Wegen, die wir zu gehen versucht haben, zu dem Wirken geistiger Wesenheiten kommt, daß er aber doch zu der Annahme gewisser geistiger Grundwesen der Welt kommt. Ein solcher Mensch war zum Beispiel *Leibniz,* der berühmte deutsche Philosoph. Leibniz war hinaus über das Vorurteil, daß irgend etwas bloß materiell in der Welt existieren könne. Er fand das Reale, suchte das Reale. Das Genauere habe ich in meinem Buche «Die Rätsel der Philosophie» dargestellt. Er war der Anschauung, daß es ein Wesen gibt, das in sich die Existenz erbilden kann, wie zum Beispiel die Menschenseele. Aber er machte sich nicht weitere Begriffe darüber. Er sagte sich nur, daß es ein solches Wesen gibt, das in sich die Existenz erbilden kann, das Vorstellungen aus sich heraustreibt. Das ist für Leibniz eine Monade. Und er sagte sich: Es muß viele Monaden geben und Monaden von der verschiedensten Klarheit. Wenn ich hier eine Glocke habe, so sind dort viele Monaden drinnen – wie in einem Mückenschwarm –, aber Monaden, die nicht einmal bis zum Schlafbewußtsein kommen, Monaden, die fast unbewußt sind, die aber doch dunkelste Vorstellungen in sich entwickeln. Es gibt Monaden, die träumen, es gibt Monaden, die wache Vorstellungen in sich entwickeln, kurz, Monaden der verschiedensten Grade. – Ein solcher Mensch kommt nicht dazu, sich das Konkrete der einzelnen geistigen

Wesenheiten so vorzustellen wie der Spiritualist; aber er reflektiert in der Welt auf das Geistige, das er nur unbestimmt sein läßt. Er nennt es Monade, das heißt, er kümmert sich nur um den Vorstellungscharakter, als wenn man sagen würde: Ja, Geist, Geister sind in der Welt; aber ich beschreibe sie nur so, daß ich sage, sie sind verschiedenartig vorstellende Wesen. Eine abstrakte Eigenschaft nehme ich aus ihnen heraus. Da bilde ich mir diese einseitige Weltanschauung aus, für die vor allem so viel vorgebracht werden kann, als der geistvolle Leibniz für sie vorgebracht hat. So bilde ich den Monadismus aus. – Der Monadismus ist ein abstrakter Spiritualismus.

Es kann aber Menschen geben, die sich nicht bis zur Monade erheben, die nicht zugeben können, daß dasjenige, was existiert, Wesen sind von verschiedenem Grade des Vorstellungsvermögens, die aber auch nicht etwa damit zufrieden sind, daß sie nur zugeben, was sich in der äußeren Realität ausbreitet, sondern sie lassen das, was sich in der äußeren Realität ausbreitet, überall von Kräften beherrscht sein. Wenn zum Beispiel ein Stein zur Erde fällt, so sagen sie: Da ist die Schwerkraft. Wenn ein Magnet Eisenspäne anzieht, so sagen sie: Da ist die magnetische Kraft. Sie begnügen sich nicht bloß damit zu sagen: Da ist der Magnet – sondern sie sagen: Der Magnet setzt voraus, daß übersinnlich, unsichtbar die magnetische Kraft vorhanden ist, die sich überall ausbreitet. Man kann eine solche Weltanschauung bilden, die überall die Kräfte zu dem sucht, was in der Welt vorgeht, und kann sie Dynamismus nennen.

Dann kann man auch sagen: Nein, an Kräfte zu glauben, das ist Aberglaube! Ein Beispiel dafür, wie einer ausführlicher darstellt, wie an Kräfte zu glauben Aberglaube ist, haben Sie in *Fritz Mauthners* «Kritik der Sprache». In diesem Falle bleibt man bei dem stehen, was sich real um uns herum ausbreitet. Wir kommen also auf diesem Wege vom Spiritualismus über den Monadismus und Dynamismus wiederum zum Realismus.

Nun kann man aber auch noch etwas anderes machen. Man kann sagen: Gewiß, ich halte mich an die Welt, die mich ringsherum umgibt. Aber ich behaupte nicht, daß ich ein Recht habe zu sagen, diese

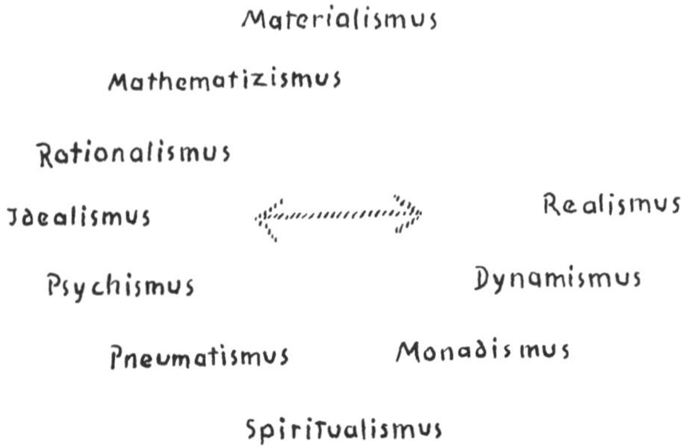

Welt sei die wirkliche. Ich weiß nur von ihr zu sagen, daß sie mir erscheint. Und zu mehr habe ich überhaupt nicht Recht, als zu sagen: Diese Welt erscheint mir. Ich habe kein Recht, von ihr mehr zu sagen. – Das ist also ein Unterschied. Man kann von dieser Welt, die sich um uns herum ausbreitet, sagen, sie ist die reale Welt. Aber man kann auch sagen: Von einer anderen Welt kann ich nicht reden; aber ich bin mir klar, daß es die Welt ist, die mir erscheint. Ich rede nicht davon, daß diese Welt von Farben und Tönen, die doch nur dadurch entsteht, daß sich in meinem Auge gewisse Prozesse abspielen, die sich mir als Farben zeigen, daß sich in meinem Ohr Prozesse abspielen, die sich mir als Töne zeigen und so weiter, daß diese Welt die wahre ist. Sie ist die Welt der Phänomene. – Phänomenalismus ist die Weltanschauung, um die es sich hier handeln würde.

Man kann aber weiter gehen und kann sagen: Die Welt der Phänomene haben wir zwar um uns herum. Aber alles, was wir in diesen Phänomenen zu haben glauben so, daß wir es selber hinzugegeben haben, daß wir es selber hinzugedacht haben – das haben wir eben hinzugedacht zu den Phänomenen. Berechtigt ist aber nur das, was uns die Sinne sagen. – Merken Sie wohl, ein solcher Mensch, der dieses sagt, ist nicht ein Anhänger des Phänomenalismus, sondern er schält von dem Phänomen das los, wovon er glaubt, daß es nur aus dem Verstande und aus der Vernunft kommt, und er läßt gelten, als irgendwie von der Realität angekündigt, was die Sinne als Eindrücke geben. Diese Weltanschauung kann man Sensualismus nennen.

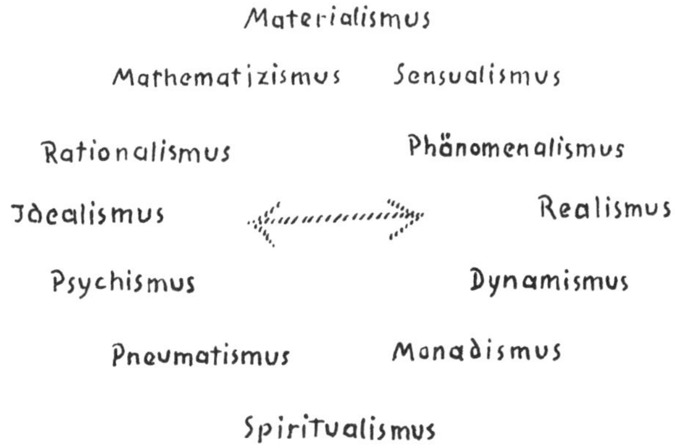

Greift man dazu, zu sagen: Mögt ihr nachdenken darüber, daß das die Sinne sagen, und mögt ihr noch so scharfsinnige Gründe dafür anführen – man kann scharfsinnige Gründe dafür anführen –, ich stelle mich auf den Standpunkt, es gibt nur das, was so aussieht wie das, was die Sinne sagen; das lasse ich als Materielles gelten – wie etwa der Atomist, der da sagt: Ich nehme an, es existieren nur Atome, und wenn sie noch so klein sind, sie haben die Eigenschaften, die man in der physischen Welt kennt –, dann ist man wieder Materialist. Wir sind also auf dem anderen Wege wieder beim Materialismus angekommen.

Was ich Ihnen hier als Weltanschauungen aufgeschrieben und charakterisiert habe, das gibt es, das kann verteidigt werden. Und es ist möglich, für jede einzelne der Weltanschauungen die scharfsinnigsten Gründe vorzubringen, es ist möglich, sich auf den Standpunkt jeder dieser Weltanschauungen zu stellen und mit scharfsinnigen Gründen die anderen Weltanschauungen zu widerlegen. Man kann zwischen diesen Weltanschauungen noch andere ausdenken; die sind aber nur gradweise von den angeführten verschieden und lassen sich auf die Haupttypen zurückführen. Will man das Gewebe der Welt kennenlernen, dann muß man wissen, daß man es durch diese zwölf Eingangstore kennenlernt. Es gibt nicht *eine* Weltanschauung, die sich verteidigen läßt, die berechtigt ist, sondern es gibt zwölf Weltanschauungen. Und man muß zugeben: Gerade so viele gute Gründe wie für die eine Weltanschauung, so viele gute Gründe lassen sich für jede andere der zwölf Weltanschauungen vorbringen. Die Welt läßt sich nicht von dem einseitigen Standpunkte einer Weltanschauung, eines Gedankens aus betrachten, sondern die Welt enthüllt sich nur dem, der weiß, daß man um sie herumgehen muß. Genau ebenso, wie die Sonne, auch wenn wir die kopernikanische Weltanschauung zugrunde legen, durch die Tierkreiszeichen geht, um von zwölf verschiedenen Punkten aus die Erde zu beleuchten, ebenso muß man nicht auf *einen* Standpunkt – auf den Standpunkt des Idealismus, des Sensualismus, des Phänomenalismus oder irgendeiner Weltanschauung, die einen solchen Namen tragen kann – sich stellen, sondern man muß in der Lage sein, um die Welt herumgehen zu können und sich einleben zu können in die zwölf verschiedenen Standpunkte, von denen aus man die Welt betrachten kann. Denkerisch sind alle zwölf verschiedenen Standpunkte voll berechtigt. Nicht *eine* Weltanschauung gibt es für den Denker, der in die Natur des Denkens eindringen kann, sondern zwölf gleichberechtigte, insofern gleichberechtigte, als sich gleich gute Gründe vom Denken aus für jede vorbringen lassen. Zwölf solche gleichberechtigte Weltanschauungen gibt es. Von diesem dadurch gewonnenen Gesichtspunkte aus wollen wir morgen weiter reden, damit wir uns von der denkerischen Betrachtung des Menschen zu der Betrachtung des Kosmischen hinaufschwingen.

DRITTER VORTRAG

Berlin, 22. Januar 1914

Ich habe gestern diejenigen Weltanschauungsnuancen darzustellen versucht, welche dem Menschen möglich sind, so möglich, daß für jede dieser Weltanschauungsnuancen gewisse vollgültige Beweise der Richtigkeit, der Wahrheit für ein gewisses Gebiet erbracht werden können. Für den, der nicht darauf aus ist, alles, was er auf einem bestimmten engbegrenzten Gebiete zu beobachten, zu überdenken in der Lage war, zu einem Begriffssystem zusammenzuschmieden und dann die Beweise dafür zu suchen, sondern für den, der darauf aus ist, wirklich in die Wahrheit der Welt einzudringen, ist es wichtig zu wissen, daß diese Allseitigkeit notwendig ist, die sich darin ausspricht, daß dem menschlichen Geist wirklich zwölf typische Weltanschauungsnuancen – auf die Übergänge dazwischen kommt es jetzt nicht an – möglich sind. Will man wirklich zur Wahrheit kommen, dann muß man den Versuch machen, sich die Bedeutung dieser Weltanschauungsnuancen einmal klarzumachen, muß den Versuch machen, zu erkennen, auf welchen Gebieten des Daseins die eine oder die andere dieser Weltanschauungsnuancen den besseren Schlüssel bildet. Wenn wir uns noch einmal diese zwölf Weltanschauungsnuancen vor Augen führen, wie das gestern geschehen ist, so ist es also der Materialismus, der Sensualismus, der Phänomenalismus, der Realismus, der Dynamismus, der Monadismus, der Spiritualismus, der Pneumatismus, der Psychismus, der Idealismus, der Rationalismus und der Mathematizismus.

Es ist nun in der wirklichen Welt des menschlichen Forschungsstrebens nach der Wahrheit leider so, daß bei den einzelnen Geistern, bei den einzelnen Persönlichkeiten immer die Hinneigung zu der einen oder der anderen dieser Weltanschauungsnuancen überwiegt und daß dadurch die Einseitigkeiten in den verschiedenen Weltanschauungen der verschiedenen Epochen auf die Menschen wieder wirken. Was ich so als die zwölf Hauptweltanschauungen hingestellt habe, das muß man kennen als etwas, was man wirklich so überschaut, daß man gleichsam immer die eine Weltanschauung neben die andere so kreisförmig hinstellt und sie als ruhend betrachtet. Sie sind möglich; man muß sie kennen. Sie verhalten sich wirklich so, daß sie ein geistiges Abbild des uns ja wohlbekannten Tierkreises sind. Wie den Tierkreis scheinbar die Sonne durchläuft und wie andere Planeten scheinbar den Tierkreis durchlaufen, so ist es der menschlichen Seele möglich, einen Geisteskreis zu durchlaufen, welcher zwölf Weltanschauungsbilder enthält. Ja, man kann sogar die Eigentümlichkeiten dieser Weltanschauungsbilder in Zusammenhang bringen mit den einzelnen Zeichen des Tierkreises. Und zwar ist dieses In-Beziehung-Bringen gar nichts Willkürliches, sondern es besteht wirklich ein ähnliches Verhältnis zwischen den einzelnen Tierkreisbildern und der Erde wie zwischen diesen zwölf Weltanschauungen und der menschlichen Seele. Das ist folgendermaßen gemeint.

Zunächst können wir ja nicht davon sprechen, daß ein leichtverständliches Verhältnis bestünde zum Beispiel zwischen dem Tierkreisbilde Widder und der Erde. Aber wenn die Sonne, der Saturn oder der Merkur so stehen, daß man sie von der Erde aus im Zeichen des Widders sieht, so wirken sie anders, als wenn sie so stehen, daß man sie im Zeichen des Löwen sieht. Es ist also die Wirkung, die aus dem Kosmos zum Beispiel von den einzelnen Planeten zu uns kommt, verschieden, je nachdem die einzelnen Planeten das eine oder das andere Tierkreisbild bedecken. Bei der menschlichen Seele ist es uns sogar leichter, den Einfluß dieser zwölf «Geistes-Tierkreisbilder» anzuerkennen. Es gibt Seelen, die gewissermaßen ganz dahin tendieren, allein Einfluß auf die Konfiguration ihres Innenlebens, auf ihre wissenschaftliche, philosophische oder sonstige Geistesrichtung dahin zu bekommen, daß sie sich gleichsam vom Idealismus bescheinen lassen in der Seele. Andere lassen sich in der Seele von dem Materialismus bescheinen, andere vom Sensualismus. Man ist nicht Sensualist, Materialist, Spiritualist oder Pneumatiker, weil die eine oder die andere Anschauung richtig ist und man die Richtigkeit der einen oder der anderen Anschauung einsehen kann, sondern man ist Pneumatiker, Spiritualist, Materialist oder Sensualist, weil man in seiner Seele so veranlagt ist, daß man von dem betreffenden Geistes-Tierkreisbilde geistig-seelisch beschienen wird. So haben wir in diesen zwölf Geistes-Tierkreisbildern etwas, was uns tief hineinführen kann in die Art, wie menschliche Weltanschauungen entstehen, und was uns tief hineinführen kann in die Gründe, warum die Menschen auf der einen Seite sich streiten über Weltanschauungen, auf der anderen Seite aber sich nicht streiten sollten, sondern viel lieber einsehen sollten, wodurch es kommt, daß die Menschen verschiedene Weltanschauungsnuancen haben. Wenn es für gewisse Epochen dennoch notwendig ist, die eine oder die andere Weltanschauungsrichtung streng zurückzuweisen, so werden wir den Grund von diesem im morgigen Vortrage noch anzugeben haben. Was ich bis jetzt gesagt habe, bezieht sich also auf die Ausformung des menschlichen Gedankens durch den geistigen Kosmos der gleichsam in unserem geistigen Umkreise ruhenden zwölf Geistes-Tierkreisbilder.

Aber es gibt noch etwas anderes, was die menschlichen Weltanschauungen bestimmt. Dies andere werden Sie am besten dadurch einsehen, daß ich Ihnen zunächst das Folgende zeige.

Man kann in seiner Seele so gestimmt sein, gleichgültig jetzt sogar, von welchem dieser zwölf Geistes-Tierkreisbilder man in der Seele beschienen ist, daß man diese Stimmung der Seele, die sich in der ganzen Konfiguration der Weltanschauung dieser Seele zum Ausdruck bringt, bezeichnen kann als Gnosis. Man kann ein Gnostiker sein. Man ist ein Gnostiker, wenn man daraufhin gestimmt ist, durch gewisse in der Seele selbst liegende Erkenntniskräfte, nicht durch die Sinne oder dergleichen, die Dinge der Welt kennenzulernen. Man kann ein Gnostiker sein und zum Beispiel eine gewisse Neigung haben, sich bescheinen zu lassen von dem Geistes-Tierkreisbilde, das wir hier als Spiritualismus bezeichnet haben. Dann wird man in seiner Gnostik tief hineinleuchten können in die Zusammenhänge der geistigen Welten.

Man kann aber auch zum Beispiel ein Gnostiker des Idealismus sein; dann wird man eine besondere Veranlagung haben, die Ideale der Menschheit und die Ideen der Welt klar zu sehen. Der Unterschied ist ja vorhanden zwischen dem einen und dem anderen Menschen auch in bezug auf den Idealismus, den die beiden Menschen haben können. So ist der eine ein idealistischer Schwärmer, der immer davon redet, daß er Idealist ist, der nur immer das Wort Ideal, Ideal, Ideal im Munde führt, aber nicht viele Ideale kennt, der nicht die Fähigkeit hat, in scharfen Konturen und mit innerlichem Schauen wirklich die Ideale vor seine Seele zu rufen. Ein solcher unterscheidet sich dann von dem anderen, der nicht nur von Idealen redet, sondern die Ideale in seiner Seele so zu zeichnen weiß wie ein scharf hingemaltes Bild. Der letztere, der den Idealismus ganz konkret innerlich ergreift, so intensiv ergreift, wie man mit der Hand äußere Dinge ergreift, der ist auf dem Gebiete des Idealismus ein Gnostiker. Man könnte auch so sagen: Er ist überhaupt ein Gnostiker, aber er läßt sich insbesondere von dem Geistes-Tierkreisbilde des Idealismus bescheinen.

Es gibt Menschen, welche sich besonders stark bescheinen lassen von dem Weltanschauungsbilde des Realismus, die aber so durch die Welt gehen, daß sie durch die ganze Art, wie sie die Welt empfinden, wie sie der Welt gegenübertreten, den andern Menschen viel, viel sagen können von dieser Welt. Sie sind weder Idealisten noch Spiritualisten; sie sind ganz gewöhnliche Realisten. Sie sind imstande, wirklich fein zu empfinden, was in der äußeren Realität um sie herum ist, sie sind fein empfänglich für die Eigentümlichkeiten der Dinge. Sie sind Gnostiker, richtige Gnostiker; nur sind sie Gnostiker des Realismus. Solche Gnostiker des Realismus gibt es, und manchmal sind Spiritualisten oder Idealisten gar nicht Gnostiker des Realismus. Wir können sogar finden, daß Leute, die sich gute Theosophen nennen, durch eine Bildergalerie durchgehen und gar nichts zu sagen haben über die Bilder, während andere, die gar nicht Theosophen sind, die aber Gnostiker des Realismus sind, unendlich Bedeutungsvolles dadurch zu sagen wissen, daß sie mit ihrer ganzen Persönlichkeit in Berührung sind mit der ganzen Realität der Dinge. Oder wie viele Theosophen gehen hinaus in die Natur und wissen gar nicht das ganz Erhabene und Große der Natur mit der ganzen Seele aufzufassen: sie sind nicht Gnostiker des Realismus. Es gibt Gnostiker des Realismus.

Es gibt auch Gnostiker des Materialismus. Das sind allerdings sonderbare Gnostiker. Aber ganz in dem Sinne, wie man Gnostiker des Realismus ist, kann man Gnostiker des Materialismus sein; aber es sind das Menschen, die nur Sinn und Gefühl und Empfinden haben für alles Stoffliche, die das Stoffliche durch die unmittelbare Berührung kennenzulernen suchen, wie der Hund, der die Stoffe beriecht und dadurch intim kennenlernt und der eigentlich in bezug auf die materiellen Dinge ein ausgezeichneter Gnostiker ist.

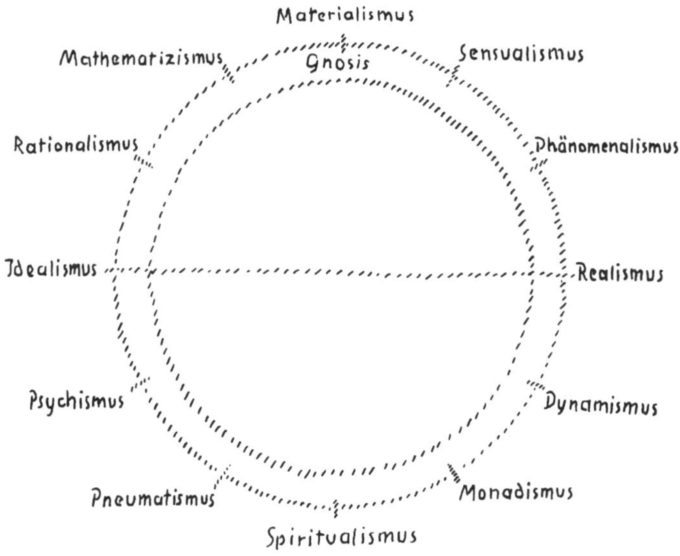

Man kann Gnostiker sein für alle zwölf Weltanschauungsbilder. Das heißt, wenn wir die Gnosis richtig hineinstellen wollen, müssen wir es so machen, daß wir einen Kreis zeichnen und daß uns der ganze Kreis bedeutet: Die Gnosis kann herumwandeln durch alle zwölf Weltanschauungsbilder. Wie ein Planet die zwölf Tierkreisbilder durchwandelt, so kann die Gnosis alle zwölf Weltanschauungsbilder durchwandeln.

Allerdings wird die Gnosis die größten Dienste für das Heil der Seelen dann leisten, wenn die gnostische Stimmung angewendet wird für den Spiritualismus. Man könnte sagen: Die Gnosis ist im Spiritualismus so recht zu Hause. Sie ist da in «ihrem» Hause. Sie ist außer ihrem Hause in den anderen Weltanschauungsbildern. Logisch hat man nicht die Berechtigung zu sagen, es könnte keine materialistische Gnostik geben. Die Pedanten der Begriffe und Ideen werden mit solchen Dingen leichter fertig als die gesunden Logiker, die es etwas komplizierter haben. Man könnte zum Beispiel sagen: Ich will nichts anderes Gnosis nennen, als was in den Geist eindringt. Das ist eine willkürliche Begriffsbestimmung, ist ebenso willkürlich, wie wenn jemand sagen würde: Veilchen habe ich bis jetzt nur in Österreich gesehen, also nenne ich Veilchen nur das, was in Österreich wächst und die Veilchenfarbe hat, anderes nicht. Logisch ist es ebenso unmöglich zu sagen, Gnosis gebe es nur im Weltanschauungsbilde des Spiritualismus; denn Gnosis ist ein «Planet», der die Geistes-Sternbilder durchläuft.

Es gibt eine andere Weltanschauungsstimmung. «Stimmung» sage ich hierbei, während ich sonst von «Nuancen» und «Bildern» spreche. Und man hat in den neueren Zeiten gemeint, in einer leichteren Art – doch ist auch hier «das Leichte schwer»! – diese zweite Weltanschauungsstimmung kennenzulernen, weil diese im Geistes-Sternbilde des Idealismus gerade von *Hegel* vertreten worden ist. Aber diejenige Art, die Welt zu betrachten, diese besondere Weltanschauungsstimmung, die Hegel gehabt hat, braucht nicht, wie bei ihm, bloß im Geistes-Sternbilde des Idealismus zu stehen, sondern sie kann wieder durch alle Sternbilder durchgehen. Es ist die Weltanschauungsstimmung des Logismus. Diese Weltanschauungsstimmung des Logismus besteht vorzugsweise darin, daß sich die Seele in die Lage versetzen kann, wirkliche Gedanken, Begriffe und Ideen in sich gegenwärtig sein zu lassen, diese Gedanken und Ideen so in sich gegenwärtig zu haben, daß eine solche Seele von einem Begriffe oder einem Gedanken zu dem anderen so kommt, wie man, wenn man einen menschlichen Organismus ansieht, von dem Auge zur Nase und zum Mund kommt und alles dieses als zusammengehörig betrachtet, wie es bei Hegel ist, wo alle Begriffe, die er fassen kann, sich zu einem großen Begriffsorganismus zusammenordnen. Das ist ein logischer Begriffsorganismus. Hegel war einfach imstande, alles, was in der Welt als Gedanke gefunden werden kann, aufzusuchen und aufzunehmen, Gedanken an Gedanken zu reihen und daraus einen Organismus zu machen: Logismus! Man kann den Logismus ausbilden so wie Hegel, im Sternbilde des Idealismus, kann ihn ausbilden so wie *Fichte,* im Sternbilde des Psychismus, und man kann ihn in anderen Geistes-Sternbildern ausbilden. Wiederum ist der Logismus etwas, was wie ein Planet durch die Tierkreisbilder durchgeht, was kreisförmig durch die zwölf Geistes-Tierkreisbilder geht.

Eine dritte Stimmung der Seele, die Weltanschauungen macht, können wir zum Beispiel bei *Schopenhauer* studieren. Während Hegels Seele, wenn er hinschaut auf die Welt, so gestimmt ist, daß zunächst in dieser Hegel-Seele alles, was in der Welt Begriff ist, als der Logismus sich ergibt, faßt Schopenhauer durch die besondere Stimmung seiner Seele alles das in der Seele auf, was willensartig ist. Für ihn sind die Naturkräfte Wille, die Härte des Steines ist Wille, alles, was Realität ist, ist Wille. Das kommt aus der besonderen Stimmung seiner Seele. Nun kann man eine solche Weltanschauung des Willens, solche Weltanschauungsstimmung des Willens wiederum wie einen Planeten betrachten, der durch alle zwölf Geistes-Tierkreisbilder geht. Ich will diese Weltanschauungsstimmung Voluntarismus nennen. Es ist die dritte Weltanschauungsstimmung. Schopenhauer war Voluntarist, und er war in seiner Seele vorzugsweise so konstituiert, daß er sich aussetzte dem Geistes-Sternbilde des Psychismus. So entstand die eigentümliche Schopenhauersche Willensmetaphysik: Voluntarismus im Geistes-Sternbilde des Psychismus.

Nehmen Sie einmal an, es würde jemand Voluntarist sein und besonders hinneigen zu dem Geistes-Sternbilde des Monadismus. Dann würde er nicht wie Schopenhauer so eine Einheitsseele, die eigentlich Wille ist, der Welt zugrunde legen, sondern er würde viele Monaden, die aber Willenswesen sind, der Welt zugrunde legen.

Diese Welt des monadologischen Voluntarismus hat in schönster, scharfsinnigster und, ich möchte sagen, innigster Weise der österreichische Dichterphilosoph *Hamerling* ausgebildet. Wodurch ist die eigentümliche Lehre, die Sie in der «Atomistik des Willens» von Hamerling haben, zustande gekommen? Dadurch, daß seine Seele voluntaristisch gestimmt war und er sich vorzugsweise ausgesetzt hat dem Geistes-Sternbilde des Monadismus. Wenn wir Zeit hätten, könnten wir für jede Seelenstimmung in jedem Sternbilde Beispiele anführen. Sie finden sich in der Welt.

Eine besondere Seelenstimmung ist diese, welche nun gar nicht geneigt ist, viel nachzudenken oder nachzusinnen, ob nun hinter den Erscheinungen dieses oder jenes noch ist, wie es zum Beispiel die gnostische Stimmung tut oder wie es die logische oder die voluntaristische Stimmung tut, sondern die einfach sagt: Ich will das, was mir in der Welt entgegentritt, was sich mir zeigt, was sich mir äußerlich offenbart, meiner Weltanschauung eingliedern. Das kann man wieder auf allen Gebieten, das heißt durch alle Geistes-Sternbilder durch. Man kann es als Materialist machen, daß man nur das nimmt, was einem äußerlich entgegentritt; man kann es auch als Spiritualist machen. Man bemüht sich nicht, einen besonderen Zusammenhang hinter den Erscheinungen zu suchen, sondern man läßt die Dinge an sich herankommen und wartet, was sich einem darbietet. Solche Seelenstimmung kann man Empirismus nennen. Empirismus heißt eine Seelenstimmung, welche die Erfahrung, wie sie sich darbietet, einfach hinnimmt. Durch alle zwölf Geistes-Sternbilder hindurch kann man Empirist sein, Erfahrungsweltanschauungs-Mensch. Empirismus ist die vierte Seelenstimmung, die durch alle zwölf Geistes-Sternbilder durchgehen kann.

Ebenso kann man für die Weltanschauung eine solche Seelenstimmung entwickeln, welche sich nicht zufrieden gibt mit demjenigen, was die Erfahrung, die einem so entgegentritt, was das Erleben, dem man ausgesetzt ist, ergibt, wie das beim Empirismus der Fall ist; sondern man kann sich sagen, das heißt, man kann als eine innere Notwendigkeit durchfühlen die Seelenstimmung: Der Mensch ist in die Welt hereingestellt; in seiner eigenen Seele erlebt er etwas über die Welt, was er äußerlich nicht erleben kann. Da erst enthüllt die Welt ihre Geheimnisse. Man mag um sich herumschauen – man sieht nicht das, was die Welt an Geheimnissen enthält. – Solche Seelenstimmung kann oftmals sagen: Was hilft mir die Gnosis, die sich mit aller Mühe emporringt zu allerlei Schauungen? Die Dinge der äußeren Welt, über die man Schauungen hat, können einem doch nicht das Innere der Welt offenbaren. Was hilft mir der Logismus zu einer Weltanschauung? In dem Logismus drückt sich das Wesen der Welt nicht aus. Was hilft Spekulation über den Willen? Das bringt nur davon ab, in die Tiefen der eigenen Seele zu schauen. Und in diese Tiefen blickt man nicht, wenn die Seele will, sondern gerade dann, wenn sie hingebend, willenlos ist. – Also auch der Voluntarismus ist nicht die Seelenstimmung, die die Seele hier braucht, auch nicht der Empirismus, das bloße Hinschauen oder Hinhorchen auf das, was die Erfahrung, das Erleben gibt; sondern das innerliche Suchen, wenn die Seele ruhig geworden ist, wie der Gott in der Seele aufleuchtet. Sie merken, diese Seelenstimmung kann genannt werden die Mystik.

Mystiker kann man wieder durch alle zwölf Geistes-Sternbilder hindurch sein. Es wird gewiß nicht sonderlich günstig sein, wenn man Mystiker des Materialismus ist, das heißt, wenn man nicht das Geistige, das Spirituelle, sondern das Materielle innerlich erlebt. Denn Mystiker des Materialismus ist eigentlich der, welcher sich ein besonders feines Empfinden zum Beispiel für die Art des Befindens angeeignet hat, in das man kommt, wenn man den einen oder den anderen Stoff genießt. Es ist etwas anderes, wenn man, ich will sagen, den Saft der einen Pflanze genießt oder den einer anderen Pflanze und nun wartet, was dadurch im Organismus bewirkt wird. Man wächst also in seinem Erleben mit der Materie zusammen, wird Mystiker der Materie. Es kann sogar sein, daß das eine Aufgabe für das Leben werden kann, eine Aufgabe so für das Leben, daß man verfolgt, auf welche Art der eine oder der andere Stoff, der von dieser oder jener Pflanze kommt, besonders auf den Organismus wirkt; denn der eine wirkt besonders auf dieses, der andere besonders auf jenes Organ. Und so Mystiker des Materialismus sein ist eine

Vorbedingung für die Untersuchung der einzelnen Stoffe hinsichtlich ihrer Heilkraft. Man merkt, was die Stoffe tun im Organismus. – Man kann Mystiker der Stoffwelt sein, man kann Mystiker des Idealismus sein. Ein gewöhnlicher Idealist oder ein gnostischer Idealist ist nicht Mystiker des Idealismus. Mystiker des Idealismus ist der, welcher vor allen Dingen in der eigenen Seele die Möglichkeit hat, aus im Innern verborgenen Quellen heraufzuholen die Ideale der Menschheit, sie als inneres Göttliches zu empfinden und als solches sich vor die Seele zu stellen. Ein Mystiker des Idealismus ist zum Beispiel der *Meister Eckhart*.

Nun kann die Seele so gestimmt sein, daß sie nicht das gewahr werden kann, was in ihrem Innern aufsteigt und was sich wie die eigentliche innere Lösung der Weltenrätsel ausnimmt, sondern eine Seele kann so gestimmt sein, daß sie sich sagt: Ja, in der Welt ist irgend etwas hinter allen Dingen, wie hinter meiner eigenen Wesenheit, soweit ich diese Wesenheit wahrnehme. Aber ich kann kein Mystiker sein. Der Mystiker glaubt, das fließt herein in seine Seele. Ich fühle es nicht in meine Seele hereinfließen; ich fühle nur, daß es da sein muß, draußen. – Man setzt in dieser Seelenstimmung voraus, daß außer unserer Seele und außer dem, was unsere Seele erfahren kann, das Wesen der Dinge steckt; aber man setzt nicht voraus, daß dieses Wesen der Dinge in die Seele selber hereinkommen kann, wie der Mystiker es voraussetzt. Wenn man voraussetzt, daß hinter allem noch etwas ist, das man nicht erreichen kann in der Wahrnehmung, dann ist man – das ist vielleicht das beste Wort dafür – Transzendentalist. Man nimmt an, daß das Wesen der Dinge transzendent ist, daß es nicht in die Seele hereinkommt, wie es der Mystiker annimmt. Also: Transzendentalismus. Die Stimmung des Transzendentalisten ist so, daß er das Gefühl hat: Wenn ich die Dinge wahrnehme, so kommt das Wesen der Dinge an mich heran; nur die Wahrnehmung selber ist nicht dieses Wesen. Das Wesen steckt dahinter, aber es kommt an den Menschen heran.

Es kann nun der Mensch mit seinen Wahrnehmungen, mit alledem, was seine Erkenntniskräfte sind, gleichsam noch mehr das Wesen der Dinge abschieben, als es der Transzendentalist tut. Man kann sagen: Für die menschliche äußere Erkenntniskraft ist das Wesen der Dinge überhaupt nicht erreichbar. Der Transzendentalist sagt: Wenn du mit deinem Auge Rot und Blau siehst, so ist das, was du als Rot und Blau siehst, nicht das Wesen der Dinge; aber dahinter steckt es. Du mußt deine Augen anwenden, dann dringst du bis an das Wesen der Dinge heran. Dahinter ist es. – Diese Seelenstimmung aber, die ich jetzt meine, will nicht im Transzendentalismus leben, sondern sie sagt: Man mag noch so sehr Rot oder Blau oder diesen oder jenen Ton erleben, das alles drückt nicht das Wesen der Dinge aus. Das ist erst dahinter verborgen. Da, wo ich wahrnehme, stößt gar nicht das Wesen der Dinge an. – Wer so spricht, der spricht ähnlich der Art, wie wir gewöhnlich sprechen, die wir durchaus auf dem Standpunkte stehen: In dem äußeren Sinnenschein, in der Maja, drückt sich nicht das Wesen der Dinge aus. Wir wären Transzendentalisten, wenn wir sagten: Um uns herum breitet sich die Welt aus, und diese Welt kündet überall an das Wesen. Das sind wir nicht, wenn wir sagen: Diese Welt ist Maja, und man muß auf eine andere Weise als durch das äußere Wahrnehmen der Sinne und die gewöhnlichen Erkenntnismittel das Innere der Dinge suchen, Okkultismus ist das, die Seelenstimmung des Okkultismus.

Man kann wiederum durch alle Geistes-Tierkreiszeichen hindurch Okkultist sein. Man kann durchaus Okkultist auch sogar des Materialismus sein. Ja, die vernünftigen Naturforscher der Gegenwart sind alle Okkultisten des Materialismus, denn sie reden von Atomen. Wenn sie aber nicht unvernünftig sind, wird es ihnen gar nicht einfallen, zu behaupten, daß man mit irgendeiner Methode an das Atom herankommen kann. Das Atom bleibt im Okkulten. Sie lieben es nur nicht, Okkultisten genannt zu werden, aber sie sind es im vollsten Sinne des Wortes.

Andere Weltanschauungsstimmungen als diese sieben, die ich hier aufgezeichnet habe, kann es im wesentlichen nicht geben, nur Übergänge von einer zur andern. So müssen wir also unterscheiden nicht nur zwölf verschiedene Weltanschauungsnuancen, die uns wie ruhend entgegentreten, sondern in jeder dieser Weltanschauungsnuancen ist eine ganz besondere Stimmung der Menschenseele möglich. Daraus ersehen Sie, wie ungeheuer mannigfaltig die Weltanschauungen der menschlichen Persönlichkeiten sein können. Man kann jede dieser sieben Weltanschauungsstimmungen besonders ausbilden, aber jede dieser Weltanschauungsstimmungen wieder einseitig in der einen oder anderen Nuance. Was ich hier aufgezeichnet habe, das ist tatsächlich auf dem Gebiete des Geistigen das Korrelat desjenigen, was äußerlich in der Welt das Verhältnis zwischen den Tierkreisbildern und den Planeten ist, wie wir es eben in der Geisteswissenschaft als die sieben bekannten Planeten oftmals angeführt haben, und man hat so ein Bild, gleichsam ein äußeres Bild, das wir nicht geschaffen haben, sondern das im Kosmos drinnensteht, für die Beziehungen unserer sieben Weltanschauungsstimmungen zu unseren zwölf Weltanschauungsnuancen. Und richtig wird man dieses Bild empfinden, wenn man es in der folgenden Weise empfindet.

Man beginne beim Idealismus, bezeichne diesen als das Geistes-Tierkreisbild des Widder, bezeichne in gleicher Weise den Rationalismus als Stier, den Mathematizismus als Zwillinge, den Materialismus als Krebs, den Sensualismus als Löwe, den Phänomenalismus als Jungfrau, den Realismus als Waage, den Dynamismus als Skorpion, den Monadismus als Schütze, den Spiritualismus als Steinbock, den Pneumatismus als Wassermann, den Psychismus als Fische. Die Beziehungen, die zwischen den einzelnen Tierkreisbildern in bezug auf das äußere Räumlich-Materielle bestehen, sind tatsächlich auf dem Gebiete des Geistes zwischen diesen Weltanschauungen vorhanden. Und was die einzelnen von uns bezeichneten Planeten bei ihrem Kreisen längs des Tierkreises für Verhältnisse eingehen, das entspricht den Verhältnissen, welche die sieben Weltanschauungsstimmungen eingehen, aber so, daß wir empfinden können die Gnosis als Saturn, den Logismus als Jupiter, den Voluntarismus als Mars, den Empirismus als Sonne, die Mystik als Venus, den Transzendentalismus als Merkur und den Okkultismus als Mond.

Bis auf die äußeren Bilder – aber das ist nicht die Hauptsache; die Hauptsache ist tatsächlich, daß die tiefinnersten Beziehungen dieser Parallelisierung entsprechen –, aber selbst bis auf die äußeren Bilder

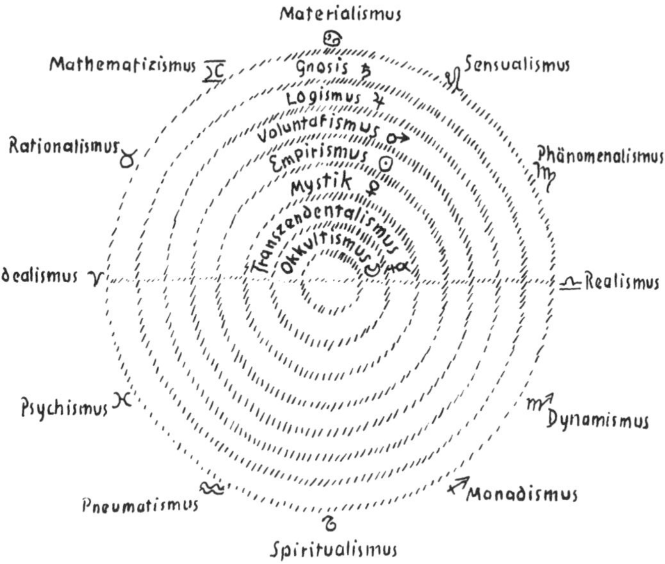

werden Sie, wo etwas so zu konstatieren ist, etwas Ähnliches finden. Der Mond bleibt okkult, unsichtbar, wenn er Neumond ist; er muß erst das Licht von der Sonne herangeführt bekommen, geradeso wie die okkulten Dinge okkult bleiben, bis sich das Seelenvermögen durch die Meditation, Konzentration und so weiter erhebt und die okkulten Dinge beleuchtet. Der Mensch, der durch die Welt geht und sich nur auf die Sonne verläßt, der nur aufnimmt, was die Sonne bescheint, ist Empirist. Wer auch noch etwas nachdenkt über das, was die Sonne bescheint, und auch noch die Gedanken behält, wenn die Sonne untergegangen ist, der ist nicht mehr Empirist, weil er sich nicht mehr auf die Sonne verläßt. «Sonne» ist das Symbolum des Empirismus. – Für alle diese Dinge könnte ich das weiter ausführen, aber wir haben ja nur vier Stunden zu diesem wichtigen Thema, und es wird Ihnen vorläufig überlassen bleiben müssen, genauere Beziehungen durch Ihre Gedanken oder Ihr sonstiges Forschen zu erkunden. Sie sind nicht einmal schwierig zu finden, wenn man einmal das Schema angegeben hat.

Nun kommt es wohl in der Welt allzuoft vor, daß die Menschen wenig nach Allseitigkeit streben. Man müßte ja wirklich, wenn man es mit der Wahrheit ernst nimmt, sich die zwölf Weltanschauungsnuancen in der Seele repräsentieren können, und man müßte in sich etwas von diesem erlebt haben: Wie erlebt es sich als Gnostiker? Wie erlebt es sich als Logiker, wie als Voluntarist, wie als Empirist, wie als Mystiker, wie als Transzendentalist? Und wie erlebt es sich als Okkultist? Probeweise muß ja das im Grunde genommen jeder durchmachen, der wirklich in die Geheimnisse der Welt im Sinne der geistigen Forschung eindringen will. Und wenn auch nicht das, was in «Wie erlangt man Erkenntnisse der höheren Welten?» steht, gerade auf diese Ausführungen hin zugeschnitten ist, so ist doch alles darin, nur von anderen Gesichtspunkten aus, geschildert, was uns in die einzelnen Stimmungen führen kann, die hier mit der gnostischen Stimmung, mit der Jupiterstimmung und so weiter bezeichnet sind.

Es kommt in der Welt oft vor, daß der Mensch so einseitig ist, daß er sich nur einem Sternbilde aussetzt oder nur einer Stimmung. Gerade große Menschen auf dem Gebiete der Weltanschauungen haben diese Einseitigkeit allzu oft. So ist zum Beispiel *Hamerling* ausgesprochen ein voluntaristischer Monadist oder ein monadologischer Voluntarist, Schopenhauer ein ausgesprochener voluntaristischer Psychiker. Gerade die großen Menschen haben sozusagen ihre Seele so eingestellt, daß ihre planetarische Weltanschauungsstimmung in einem ganz bestimmten geistigen Sternbilde steht. Die anderen Menschen finden sich viel leichter ab mit den verschiedenen Standpunkten, wie man es so nennt. Aber es kann auch vorkommen, daß Menschen von verschiedenen Seiten her gleichsam angeregt werden für ihre Weltanschauung, für das, was sie als Weltanschauung aufstellen. So zum Beispiel kann es vorkommen, daß jemand ein guter Logist ist, aber seine logistische Stimmung steht im Geistes-Sternbilde des Sensualismus. Er kann zugleich ein guter Empiriker sein, aber seine empiristische Stimmung steht im Sternbilde des Mathematizismus. Das kann vorkommen. Wenn dieses so ist, dann stellt man ein ganz bestimmtes Weltanschauungsbild auf. Wir haben gerade in der Gegenwart dieses Weltanschauungsbild, das dadurch zustande gekommen ist, daß jemand seine Sonne – jetzt geistig gesprochen – in den Zwillingen und seinen Jupiter im Löwen hat; das ist *Wundt.* Und man wird alles einzelne begreifen, was in der philosophischen Literatur bei Wundt auftritt, wenn man hinter das Geheimnis seiner besonderen Seelenkonfiguration gekommen ist.

Besonders günstig liegt es, wenn ein Mensch die verschiedenen Seelenstimmungen – Okkultismus, Transzendentalismus, Mystik, Empirismus, Voluntarismus, Logismus, Gnosis – wirklich so übungsweise erlebt hat, daß er sie sich vergegenwärtigen kann, sie gleichsam in ihrer Wirkung auf einmal empfinden kann und dann alle diese Stimmungen – wie auf einmal – in das eine Sternbild des Phänomenalismus stellt, in die Jungfrau. Da tritt wirklich für seine Erscheinungen wie in Phänomenen vor ihm mit einer ganz besonderen Grandiosität das auf, was ihm in einer günstigen Weise die Welt enthüllen kann. Wenn man in derselben Weise hintereinander die einzelnen Weltanschauungsstimmungen stellt in bezug auf ein anderes Sternbild, so ist das nicht so gut zunächst. Daher hat man in vielen alten Mysterienschulen gerade diese Stimmung, die ich jetzt dadurch bezeichnet habe, daß gleichsam alle Seelenplaneten in dem Geistes-Sternbilde der Jungfrau stehen, für die Schüler herbeigeführt, weil diese dadurch am leichtesten eingedrungen sind in die Welt. Sie haben die Phänomene aufgefaßt, aber gnostisch, logisch und so weiter aufgefaßt; sie waren in der Lage, hinter die Phänomene zu kommen. Sie haben die Welt nicht grobklotzig empfunden. Das würde nur dann sein, wenn die Seelenstimmung des Voluntarismus auf den Skorpion eingestellt ist. Kurz, durch die Konstellation, die gegeben ist durch die Seelen-Weltanschauungsstimmungen, die das planetarische Element sind, und durch die Weltanschauungsnuancen, die das Element des Geistes-Tierkreises sind, wird das hervorgerufen, was der Mensch als seine Weltanschauung durch die Welt trägt in irgendeiner Inkarnation.

Es kommt allerdings noch eines dazu. Das ist, daß diese Weltanschauungen – es sind ihrer schon sehr viele Nuancen, wenn Sie sich alle Kombinationen suchen – noch dadurch modifiziert werden, daß sie alle einen ganz bestimmten Ton erhalten können. Aber auf diesem Gebiete des Tones haben wir nur dreierlei zu unterscheiden. Alle Weltanschauungen, alle Kombinationen, die auf diese Weise entstehen, können wieder in dreifacher Weise auftreten. Sie können erstens sein theistisch, so daß ich das, was in der Seele als Ton auftritt, zu benennen habe mit Theismus. Sie können so sein, daß wir im Gegensatz zum Theismus den betreffenden Seelenton zu nennen haben Intuitismus. Theismus entsteht, wenn der Mensch sich an alles Äußere hält, um seinen Gott zu finden, wenn er seinen Gott im Äußeren sucht. Der althebräische Monotheismus war vorzugsweise eine theistische Weltanschauung. Intuitismus entsteht, wenn der Mensch seine Weltanschauung vorzugsweise durch das sucht, was intuitiv in seinem Inneren aufleuchtet. Es gibt zu diesen beiden noch einen dritten Ton; das ist der Naturalismus.

Theismus
Intuitismus
Naturalismus

Diese drei Seelentöne haben auch ein Abbild in der äußeren Welt des Kosmos, und zwar verhalten sie sich nun in der menschlichen Seele genauso wie Sonne, Mond und Erde, so daß der Theismus der Sonne entspricht – jetzt Sonne als Fixstern, nicht als Planet aufgefaßt –, daß der Intuitismus dem Mond entspricht und der Naturalismus der Erde. Derjenige – übersetzen Sie sich das einzelne, was hier als Sonne, Mond und Erde bezeichnet ist, ins Geistige –, welcher über die Erscheinungen der Welt hinausgeht und sagt: Wenn ich hinausschaue, so offenbart sich mir in alledem der Gott, der die Welt erfüllt, – der Erdenmensch, der sich aufrichtet, wenn er in die Sonnenstrahlen kommt, ist der Theist. Der Mensch, der nicht über die Naturvorgänge hinausgeht, sondern bei den einzelnen Erscheinungen stehenbleibt, so wie der, welcher nie seinen Blick zur Sonne hinaufrichtet, sondern nur auf das sieht, was ihm die Sonne hervorbringt auf der Erde, der ist Naturalist. Der, welcher das Beste, was er in der Seele haben kann, aufsucht dadurch, daß er es in seinen Intuitionen aufgehen läßt, der ist wie der den Mond besingende und vom silbernen, milden Mondenglanz in seiner Seele angeregte intuitistische Dichter und läßt sich mit ihm vergleichen. Wie man mit der Phantasie das Mondenlicht in Zusammenhang bringen kann, so muß man okkult den Intuitisten, wie er hier gemeint ist, mit dem Monde in Beziehung bringen.

Endlich gibt es noch ein Viertes; das ist allerdings nur in einem einzigen Element vorhanden. Wenn der Mensch sich gewissermaßen in bezug auf alle Weltanschauung ganz nur an das hält, was er an oder um oder in sich selbst erfahren kann: das ist Anthropomorphismus.

Anthropomorphismus

Er entspricht der Erde, wenn man diese als solche betrachtet, abgesehen davon, ob sie von der Sonne, vom Mond oder anderem umgeben ist. Wie wir die Erde für sich allein betrachten können, so können wir auch in bezug auf Weltanschauungen auf nichts Rücksicht nehmen als auf das, was wir als Menschen in uns finden können. Dann wird der in der Welt so verbreitete Anthropomorphismus entstehen.

Geht man hinaus über das, was der Mensch ist, so wie man zur Erklärung der Erscheinung der Erde hinausgehen muß zu Sonne und Mond – was die gegenwärtige Wissenschaft nicht tut –, so kommt man dazu, dreierlei als nebeneinander berechtigt anerkennen zu müssen: Theismus, Intuitismus und Naturalismus. Denn nicht, daß man auf einem dieser Töne besteht, sondern daß man sie zusammenklingen läßt, entspricht dem, was die Wahrheit ist. Und wie unsere engere Körperlichkeit mit Sonne, Mond und Erde wieder hineingestellt ist in die sieben Planeten, so ist hineingestellt Anthropomorphismus als die trivialste Weltanschauung in das, was zusammenklingen kann aus Theismus, Intuitismus und Naturalismus, und dieses zusammen wieder in das, was zusammenklingen kann aus den sieben Seelenstimmungen. Und diese sieben Seelenstimmungen nuancieren sich nach den zwölf Zeichen des Tierkreises.

Sie sehen schon, dem Namen nach, und zwar nur dem Namen nach, ist nicht eine Weltanschauung wahr, sondern es sind 12 + 7 = 19 + 3 = 22 + 1 = 23 Weltanschauungen berechtigt. Dreiundzwanzig berechtigte Namen für Weltanschauungen haben wir. Aber alles andere kann noch dadurch entstehen, daß die entsprechenden Planeten in den zwölf Geistes-Tierkreisbildern herumlaufen.

Und nun versuchen Sie, aus dem, was jetzt auseinandergesetzt worden ist, sich ein Empfinden anzueignen für die Aufgabe, welche die Geisteswissenschaft für das Friedenstiften innerhalb der verschiedenen Weltanschauungen hat, für das Friedenstiften aus der Erkenntnis heraus, daß die Weltanschauungen miteinander, in ihrem gegenseitigen Aufeinanderwirken, in gewisser Beziehung erklärlich sind, daß sie aber alle nicht ins Innere der Wahrheit führen können, wenn sie einseitig bleiben, sondern daß man gleichsam den Wahrheitswert der verschiedenen Weltanschauungen innerlich in sich erfahren muß, um wirklich – wir dürfen so sagen – mit der Wahrheit zurechtzukommen. So wie Sie sich denken können den physischen Kosmos: den Tierkreis, das Planetensystem, Sonne, Mond und Erde zusammen, die Erde für sich, so können Sie sich ein geistiges Weltenall denken: Anthropomorphismus; Theismus, Intuitismus, Naturalismus; Gnosis, Logismus, Voluntarismus, Empirismus, Mystik, Transzendentalismus, Okkultismus; und das alles verlaufend in den zwölf Geistes-Tierkreisbildern. Das ist vorhanden; nur ist es geistig vorhanden. So wahr als der physische Kosmos physisch vorhanden ist, so wahr ist das geistig vorhanden.

In diejenige Hirnhälfte, die der Anatom findet, von der man ja sagen kann, daß sie die halbkugelförmige ist, in sie wirken herein vorzugsweise diejenigen Wirkungen des Geisteskosmos, die von den oberen Nuancen ausgehen. Dagegen gibt es einen unsichtbaren Teil des Gehirns, der nur, wenn man den Ätherleib betrachtet, sichtbar ist; der ist vorzugsweise von dem unteren Teil des Geisteskosmos beeinflußt (siehe Zeichnung.) Aber wie ist diese Beeinflussung? Sagen wir, bei jemandem ist es so, daß er mit seinem Logismus eingestellt ist in den Sensualismus, daß er eingestellt ist mit seinem Empirismus in den Mathematizismus. Dann gibt das, was auf diese Weise zustande kommt, Kräfte, die in sein Gehirn hereinwirken, und jener obere Teil seines Gehirns ist dann besonders regsam und übertönt die anderen. Unzählige Nuancen von Gehirntätigkeiten kommen dadurch zustande, daß das Gehirn gleichsam im geistigen Kosmos schwimmt und die Kräfte auf diese Weise ins Gehirn hereinwirken, wie wir das jetzt haben darstellen können. So mannigfaltig sind wirklich die menschlichen Gehirne, als sie mannigfaltig sein können nach den Kombinationen, die sich aus diesem geistigen Kosmos ergeben. Was in jenem unteren Teile des geistigen Kosmos ist, das wirkt gar nicht einmal auf das physische Gehirn, sondern auf das Äthergehirn.

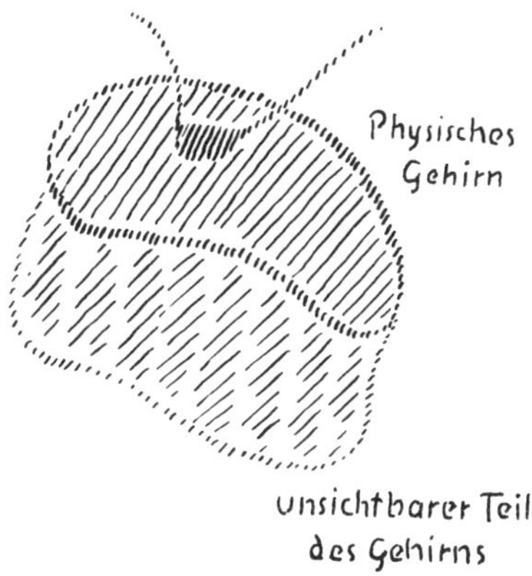

Wenn man von alledem spricht, dann ist wohl der beste Eindruck, den man davon erhalten kann, der, daß man sagt: Es eröffnet einem das die Empfindung für das Unendliche der Welt, für das qualitativ Großartige der Welt, für die Möglichkeit, daß man als Mensch in unendlicher Mannigfaltigkeit in dieser Welt existieren kann. Wahrhaftig, wenn wir nur dieses betrachten können, dann können wir uns schon sagen: Es fehlt wahrlich nicht an Möglichkeiten, daß wir verschieden sein können in unseren verschiedenen Inkarnationen, die wir auf der Erde durchzumachen haben. Und überzeugt kann man auch sein, daß der, welcher die Welt so betrachtet, gerade durch eine solche Weltbetrachtung dazu kommt, daß er sagen muß: Ach, wie reich, wie grandios ist die Welt! Welches Glück, an ihr immer weiter, immer mehr, immer mannigfaltiger teilzunehmen, an ihrem Sein, ihren Wirkungen, ihrem Streben!

VIERTER VORTRAG

Berlin, 23. Januar 1914

Wir haben uns befaßt mit den möglichen Weltanschauungsnuancen, Weltanschauungsstimmungen und so weiter, die in der menschlichen Seele Platz greifen können, und ich möchte, da ich ja wirklich nur einzelne Gesichtspunkte aus dem weiten Gebiete dieses Themas herausheben kann, einen dieser Gesichtspunkte durch ein besonderes Beispiel herausheben.

Nehmen wir an, daß ein Mensch so in der Welt sich darlebt, daß er in seinen Anlagen enthalten hat die besonderen Kräfte, die ihn bestimmen, die Weltanschauungsnuance des Idealismus auf sich wirken zu lassen. Ich will also sagen: Er macht die Weltanschauungsnuance des Idealismus in sich wirksam. Er macht sie, nehmen wir an, dadurch zu einem herrschenden Faktor in seinem Innenleben, daß gleichsam auf den Idealismus hinweist und von seinen Kräften gespeist wird diejenige Weltanschauungsstimmung in seiner Seele, die ich gestern als die der Mystik, als Venusstimmung, bezeichnet habe. Daher würde man sagen, wenn man die Symbole der Astrologie gebrauchen wollte, die geistige Konstellation eines solchen Menschen in seinen geistigen Anlagen sei die, daß Venus im Widder steht.

Ich bemerke ausdrücklich, damit kein Mißverständnis entsteht, daß diese Konstellationen zwar viel bedeutungsvoller noch im Leben des Menschen bestehen als die Konstellationen des äußeren Horoskopes, daß sie aber nicht etwa zusammenfallen mit der «Nativität», dem äußeren Horoskop. Denn es ist so, daß der verstärkte Einfluß, der dadurch auf eine Menschenseele ausgeübt wird, daß Mystik im Zeichen des Idealismus steht, daß dieser Einfluß auf denjenigen günstigen Zeitpunkt wartet, in dem er die Seele ergreifen kann, damit sie das, was durch das Stehen der Mystik im Zeichen des Idealismus herauskommen kann, am stärksten herausholt. Das braucht nicht so zu sein, daß diese Einflüsse, die sich dadurch geltend machen, daß Mystik im Zeichen des Idealismus steht, gerade bei der Geburt sich geltend machen; sie können sich vor der Geburt geltend machen, auch nachher. Kurz, es wird der Zeitpunkt abgewartet, der nach der inneren organischen Konfiguration des Menschen diese Anlagen am besten in den menschlichen Organismus hineinorganisieren kann.

Also die gewöhnliche astrologische Nativität kommt hier nicht in Betracht. Aber man kann sagen, eine gewisse Seele habe so die Veranlagung, daß, geistig genommen, Venus im Widder steht, die Mystik im Zeichen des Idealismus. Nun bleiben die Kräfte, die auf solche Weise entstehen, nicht das ganze Leben hindurch bestehen. Sie ändern sich, das heißt, der Mensch kommt unter andere Einflüsse, unter andere Geistes-Tierkreiszeichen und auch unter andere Seelenstimmungen. Nehmen wir an, ein Mensch ändere sich so, daß er dann im Verlaufe seines Lebens in die Seelenstimmung des Empirismus hineinkommt, daß gleichsam die Mystik vorgeschritten ist zum Empirismus, und der Empirismus stehe im Zeichen des Rationalismus.

Sie sehen, wie ich es gestern aufgezeichnet habe, reiht sich, von innen nach außen gegangen, im symbolischen Bilde der Empirismus an die Mystik an wie die Sonne an die Venus. Die Seele ist in bezug auf die Stimmung zum Empirismus vorgeschritten und hat sich zugleich in das Zeichen des Rationalismus gestellt. Im Leben der Seele drückt sich das so aus, daß eine solche Seele in ihrer Weltanschauung sich ändert. Was sie hervorgebracht hat, vielleicht gerade wenn sie eine besonders kraftvolle Persönlichkeit war in der Zeit, in welcher bei ihr die Mystik im Zeichen des Idealismus gestanden hat, das wird sie ändern, in eine andere Weltanschauungsnuance übergehen lassen. Sie wird anderes behaupten und sagen, wenn auf diese Weise die Weltanschauungsstimmung der Mystik in Empirismus übergegangen ist und dieser sich in das Zeichen des Rationalismus gestellt hat. Aus dem aber, was ich hier eben auseinandergesetzt habe, können Sie zugleich entnehmen, daß die Menschenseelen einen Zug haben können, Zeichen und Stimmung ihrer Weltanschauung zu ändern. – Für «diese» Seele ist gewissermaßen schon die Tendenz der Änderung angegeben. Nehmen wir an, sie will diese Tendenz im Leben weiterführen. Sie will vorrücken vom Empirismus zur nächsten

Seelenstimmung, zum Voluntarismus. Und würde sie auch in den Tierkreiszeichen so vorrücken, so würde sie in den Mathematizismus hineinkommen. Sie würde dann übergehen zu einer Weltanschauung, welche in diesem symbolischen Bilde in einem Winkel von 60 Grad abweicht von der ersten Linie, wo die Mystik im Zeichen des Idealismus gestanden hat. Und es würde eine solche Seele dann im Verlaufe derselben Inkarnation zum Ausdruck bringen ein vom Willen durchdrungenes, auf dem Willen basierendes mathematisches Weltgebäude. Das würde sie zum Ausdruck bringen.

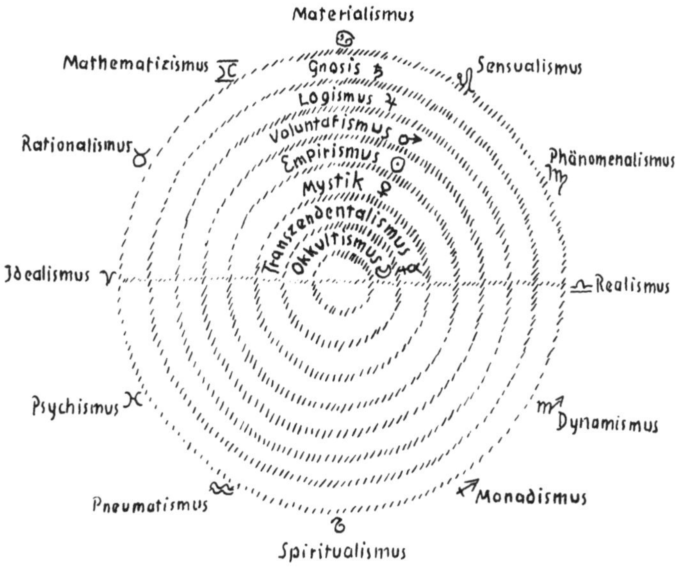

Da zeigt sich aber eines – und ich bitte, das zu beachten –, es zeigt sich, daß zwei solche Konstellationen, die in der Seele vorhanden sind im Verlaufe der Zeit, sich dann stören, ungünstig beeinflussen, wenn sie so stehen, daß sie einen Winkel von 60 Grad bilden. In der physischen Astrologie ist das eine günstige Konstellation, in der geistigen Astrologie ist diese sogenannte Sextilstellung ungünstig. Das kommt dadurch zum Ausdruck, daß diese letzte Stellung – Voluntarismus im Mathematizismus – ein scharfes Hindernis in der Seele findet, so daß sie sich nicht ausbilden kann, weil sie gar keine Angriffspunkte findet, da der Betreffende gar keine Anlagen zeigt für das, was Mathematik ist. Darin drückt sich das Ungünstige der Sextilstellung aus, daß gar keine mathematischen Anlagen vorhanden sind. Es kann sich also diese Stellung nicht bilden: Voluntarismus im Zeichen des Mathematizismus. Die Folge davon ist nun, daß auch nicht der Versuch gemacht wird, daß die Seelenstimmung in dieser Weise vorrückt. Sondern weil die betreffende Seele jetzt nicht diesen Weg machen kann zum Voluntarismus im Mathematizismus, so legt sie sich von der Stellung, die sie jetzt hat – Empirismus im Rationalismus –, um (siehe Zeichnung) und sucht den

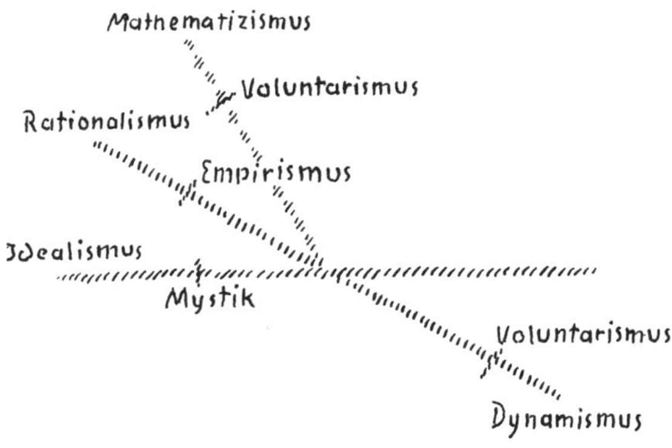

Ausweg – stellt sich in Opposition zu der Richtung, die sie noch einhalten kann. Es würde also eine solche Seele nicht so vorrücken zum Voluntarismus, wie es in der Zeichnung durch die punktierte Linie angedeutet ist, sondern sie würde sich mit dem Voluntarismus in Opposition zu ihrem Empirismus im Rationalismus stellen.

Das würde auftreten im Zeichen des Dynamismus. Es würde der

Voluntarismus in Opposition zum Rationalismus im Zeichen des Dynamismus stehen. Und im Verlaufe ihres Lebens würde eine solche Seele als die ihr mögliche Konstellation die haben, daß sie eine Weltanschauung vertritt, die sich stützt auf ein besonderes Eindringen von Kräften, von Dynamismus in die Welt, durchdrungen von Willen; Wille – der von Kraft durchsetzte Wille. In der spirituellen Astrologie ist es wieder anders als in der physischen Astrologie; in der physischen hat die Opposition eine ganz andere Bedeutung als in der spirituellen. Hier wird die Opposition dadurch hervorgebracht, daß die Seele nicht weiter kann auf einem Wege, der ungünstig ist; sie schlägt um in die Oppositionsstellung.

Ich habe Ihnen hier aufgezeichnet, was die Seele von *Nietzsche* im Verlaufe ihres Lebens durchgemacht hat. Versuchen Sie zu verstehen den Weg in seinen ersten Werken, so wird er erklärlich durch die Stellung der Mystik im Zeichen des Idealismus. Aus dieser Zeit stammen «Die Geburt der Tragödie» und die «Unzeitgemäßen Betrachtungen» in ihren vier Stücken: «David Strauß, der Bekenner und der Schriftsteller», «Vom Nutzen und Nachteil der Historie für das Leben», «Schopenhauer als Erzieher», «Richard Wagner in Bayreuth». Das ist Mystik im Zeichen des Idealismus. Dann dringt die Seele vor. Es kommt eine zweite Epoche. In diese fällt die Entstehung von «Menschliches, Allzumenschliches», «Morgenröte», «Die fröhliche Wissenschaft». Hier steht Empirismus im Zeichen des Rationalismus. In der dritten Periode, hervorgegangen aus der Oppositionsstellung, sind die Schriften, die sich begründen auf den Willen zur Macht, auf den Willen, durchdrungen von Kraft, von Macht: «Jenseits von Gut und Böse», «Zur Genealogie der Moral», «Der Fall Wagner», «Götzendämmerung», «Der Antichrist», «Also sprach Zarathustra».

So sehen Sie, wie eine innere Gesetzmäßigkeit besteht zwischen dem geistigen Kosmos und der Art, wie der Mensch in diesem geistigen Kosmos drinnensteht. Man kann sagen, wenn man sich der Symbole der Astrologie bedient, die aber jetzt etwas anderes bedeuten: Bei Nietzsche war es so, daß sich zu einer gewissen Zeit seines Lebens Venus im Widder zeigte, daß er aber, als diese Konstellation für seine Seele überging zur Sonne im Zeichen des Stieres, nicht weiterkommen konnte, daß er nicht mit dem Mars in das Zeichen der Zwillinge kommen konnte, sondern in die Oppositionsstellung ging, also mit dem Mars in das Zeichen des Skorpions ging. Seine letzte philosophische Phase ist dadurch charakterisiert, daß er mit dem Mars im Zeichen des Skorpions stand. Diese Konstallation hält man aber nur aus – nämlich die, wenn man in die unteren Stellungen eindringt, unterhalb der Linie Idealismus–Realismus (siehe das Schema auf Seite 69) –, wenn man in eine geistige Weltanschauungsstimmung eintaucht, Okkultismus oder dergleichen; sonst müssen diese Konstellationen in ungünstiger Weise auf den Menschen selber zurückwirken. Daher das tragische Geschick Nietzsches. Die oberen Konstellationen hält man aus, wenn man sich in entsprechender Weise durch äußere Verhältnisse in die Welt hineinzustellen vermag. Was unter der Linie liegt, die vom Idealismus zum Realismus geht, das hält man nur aus, wenn man untertaucht in die Geisteswissenschaft, was Nietzsche nicht hat tun können. Mit dem «sich außen hineinstellen in die Welt» meine ich alles, was zum Beispiel durch Erziehung, durch äußere Lebensverhältnisse zu erreichen ist; sie kommen in Betracht für alles, was oberhalb der Idealismus–Realismus-Linie liegt. Meditatives Leben, ein Leben in Studium und Verständnis für die Geisteswissenschaft kommt in Betracht für alles, was unterhalb der Linie Idealismus–Realismus liegt.

Um die Tragweite dessen einzusehen, was hier in diesen Vorträgen skizziert worden ist, muß man folgende Sache kennen. Man muß sich klarmachen, was eigentlich im menschlichen Erleben der Gedanke ist, wie sich der Gedanke in das menschliche Erleben hineinstellt.

Der grobe Materialist unserer Zeit findet es seinen Intentionen gemäß, davon zu sprechen, daß das Gehirn den Gedanken bildet, respektive, daß das Zentralnervensystem den Gedanken bildet. Für den, der die Dinge durchschaut, ist das geradeso wahr, wie es wahr wäre, zu meinen, wenn man in einen Spiegel hineinschaut, der Spiegel habe das Gesicht gemacht, das man sieht. Aber er macht gar nicht das Gesicht, das man sieht, sondern das Gesicht ist außerhalb des Spiegels. Der Spiegel reflektiert nur das Gesicht, wirft es zurück. Ich habe das sogar schon in öffentlichen Vorträgen wiederholt auseinandergesetzt. In ganz ähnlicher Weise verhält es sich mit dem, was der Mensch an Gedanken erlebt. Wir wollen jetzt von anderen Seeleninhalten absehen. Das Gedankenerlebnis, das in der Seele regsam, real ist, indem der Mensch den Gedanken erlebt, entsteht sowenig durch das Gehirn, wie durch den Spiegel das Bild des Gesichtes produziert wird. Das Gehirn wirkt in der Tat nur als Reflektionsapparat, damit es die Seelentätigkeit zurückwirft und diese sich selber sichtbar wird. Mit dem, was der Mensch als Gedanken wahrnimmt, hat wirklich das Gehirn so wenig zu tun, wie der Spiegel mit Ihrem Gesicht zu tun hat, wenn Sie Ihr Gesicht im Spiegel sehen.

Aber etwas anderes ist vorhanden. Der Mensch nimmt, indem er denkt, eigentlich nur die letzte Phase seiner denkerischen Tätigkeit, seines denkerischen Erlebens wahr. Um das klarzumachen, möchte ich wiederum den Spiegelvergleich nehmen. Denken Sie sich einmal, Sie würden sich hinstellen und Ihr Gesicht in einem Spiegel sehen wollen. Wenn Sie keinen Spiegel da haben, können Sie Ihr Gesicht nicht sehen. Sie können noch so lange hinstarren, Ihr Gesicht sehen Sie nicht. Wollen Sie es sehen, so müssen Sie irgend etwas, was an Materie daliegt, so bearbeiten, daß es ein Spiegel wird. Das heißt, Sie müssen es erst zubereiten, damit es das Spiegelbild hervorbringen kann. Wenn Sie das getan haben und dann hineinschauen, sehen Sie Ihr Gesicht. – Dasselbe muß die Seele machen mit dem Gehirn, was ein Mensch mit dem Spiegel machen würde. Es geht der eigentlichen denkerischen Tätigkeit der Wahrnehmung des Gedankens eine solche Tätigkeit voraus, die, wenn Sie zum Beispiel den Gedanken «Löwe» wahrnehmen wollen, erst tief drinnen die Teile des Gehirns so in Bewegung versetzt, daß diese Spiegel werden für die Wahrnehmung des Gedankens «Löwe». Und der, welcher das Gehirn erst zum Spiegel macht, das sind Sie selber. Was Sie als Gedanken zuletzt wahrnehmen, das sind Spiegelbilder; was Sie erst präparieren müssen, damit das betreffende Spiegelbild erscheint, das ist irgendeine Partie des Gehirnes. Sie sind es selbst mit Ihrer Seelentätigkeit, der das Gehirn in diejenige Struktur und in die Fähigkeit bringt, um das, was Sie denken, als Gedanke spiegeln zu können. Wollen Sie auf die Tätigkeit zurückgehen, die dem Denken zugrunde liegt, so ist es die Tätigkeit, die von der Seele aus ins Gehirn eingreift und sich im Gehirn betätigt. Und wenn Sie eine gewisse Tätigkeit von der Seele aus im Gehirn verrichten, dann wird eine solche Spiegelung im Gehirn bewirkt, daß Sie den Gedanken «Löwe» wahrnehmen. – Sie sehen, ein Geistig-Seelisches muß erst da sein. Das muß am Gehirn arbeiten. Dann wird das Gehirn durch diese geistig-seelische Tätigkeit zum Spiegelapparat, um den Gedanken zurückzuspiegeln. Das ist der wirkliche Vorgang, der sich für so viele Leute der Gegenwart so konfundiert, daß sie ihn überhaupt nicht fassen können.

Wer im okkulten Wahrnehmen ein wenig vordringt, kann die beiden Phasen seelischer Tätigkeit auseinanderhalten. Er kann verfolgen, wie er zuerst, wenn er irgend etwas denken will, notwendig hat, nicht bloß den Gedanken zu fassen, sondern ihn vorzubereiten; das heißt, er hat sein Gehirn zu präparieren. Hat er es präpariert soweit, daß es spiegelt, dann hat er den Gedanken. Man hat immer, wenn man okkult forschen will, so daß man die Dinge vorstellen kann, zuerst die Aufgabe, nicht gleich vorzustellen, sondern erst die Tätigkeit auszuüben, die das Vorstellen vorbereitet. Das ist es, was so außerordentlich wichtig zu berücksichtigen ist. Diese Dinge müssen wir deshalb ins Auge fassen, weil wir jetzt erst, wenn wir sie ins Auge fassen, die wirkliche Wirksamkeit des menschlichen Gedankens vor uns haben. Jetzt wissen wir erst, wie die menschliche Denkertätigkeit arbeitet. Zuerst ergreift diese Denkertätigkeit das Gehirn, respektive das Zentralnervensystem irgendwo, übt eine Tätigkeit aus, bewegt, sagen wir, meinetwillen, die atomistischen Teile in irgendeiner Weise, bringt sie in irgendwelche Bewegungen. Dadurch werden sie zum Spiegelapparat, und der Gedanke wird reflektiert und der Seele als solcher Gedanke bewußt. Wir haben also zwei Phasen zu unterscheiden: erst vom Geistig-Seelischen aus die Gehirnarbeit; dann kommt die Wahrnehmung zustande, nachdem für diese Wahrnehmung durch die Seele die vorbereitende Gehirnarbeit getan ist. Beim gewöhnlichen Menschen bleibt die Gehirnarbeit ganz im Unterbewußten; er nimmt nur die Spiegelung wahr.

Beim okkult forschenden Menschen ist wirklich das vorhanden, daß man zunächst die Vorbereitung erleben muß. Man muß erleben, wie man die Seelentätigkeit hineingießen muß und das Gehirn erst zubereiten muß, damit es sich herbeiläßt, einem den Gedanken vorzustellen.

Was ich jetzt auseinandergesetzt habe, geschieht beim Menschen fortwährend zwischen Aufwachen und Einschlafen. Immer arbeitet die denkerische Tätigkeit am Gehirn und macht so für den ganzen Wachzustand das Gehirn zum Spiegelapparat für die Gedanken. Aber es genügt nicht, daß in uns nur das durch Gedankentätigkeit bearbeitet wird, was wir so selbst bearbeiten. Denn das ist, man möchte sagen, eine engbegrenzte Tätigkeit, die da durch das Geistig-Seelische ausgeübt wird. Wenn wir des Morgens aufwachen, den Tag über wachen, abends wieder einschlafen, so besteht die geistig-seelische Tätigkeit, die zum Denken gehört, darin, daß diese Tätigkeit den ganzen Tag über am Gehirn arbeitet und daß dadurch das Gehirn zum Spiegelapparat wird. Aber das Gehirn muß zunächst da sein; dann kann die geistig-seelische Tätigkeit eingraben ihre kleinen Eingrabungen, man möchte sagen, ihre Notizen und Gravierungen ins Gehirn eintragen. Das Gehirn muß also in seiner Hauptform, in seiner Hauptmasse da sein. Aber das genügt nicht für unser Menschenleben.

Unser Gehirn könnte nicht von der alltäglichen Lebensarbeit bearbeitet werden, wenn nicht unser ganzer Organismus so zubereitet wäre, daß er eine Grundlage wäre für die Alltagsarbeit. Und diese Arbeit, die dem Menschen seinen Organismus zubereitet, geschieht aus dem Kosmos heraus. So wie wir alltäglich vom Aufwachen bis zum Einschlafen an der – trivial gesagt – Durchgravierung des Gehirns arbeiten, was es zum Spiegelungsapparat für die alltäglichen Gedanken macht, so muß, wo wir nicht selber gravieren, das heißt, uns Form geben können, vom Kosmos herein uns Form gegeben werden. So wie unsere kleinen Gedanken arbeiten im Gehirn und ihre kleinen Eingravierungen machen, so muß unser ganzer Organismus vom Kosmos herein nach demselben Muster gedanklicher Tätigkeit aufgebaut werden. Und er wird das, weil dasselbe, was in uns an den kleinen Eingravierungen arbeitet, im Kosmos vorhanden ist, diesen Kosmos als Gedankentätigkeit durchwellend und durchwebend. Was uns zum Beispiel zuletzt erscheint an Ideen, was wir haben als Idealismus, das ist als die den Idealismus bewirkende Tätigkeit im geistigen Kosmos vorhanden und kann auf einen Menschen so wirken, daß sie seinen ganzen Organismus so zubereitet, daß er eben zum Idealismus hinneigt. Ebenso werden die anderen Nuancen in den Stimmungen und Zeichen aus dem geistigen Kosmos in den Menschen hereingearbeitet.

Der Mensch ist nach den Gedanken des Kosmos aufgebaut. Der Kosmos ist der große Denker, der bis zum letzten Fingernagel so unsere Form in uns eingraviert, wie unsere kleine Gedankenarbeit die kleinen Eingravierungen ins Gehirn während des Alltages macht. Wie unser Gehirn – das heißt nur in bezug auf die kleinen Partien, wo Eingravierungen geschehen können – unter dem Einflusse der Gedankenarbeit steht, so steht unser ganzer Mensch unter dem Einfluß der kosmischen Gedankenarbeit.

Was heißt das? – Für das, was ich hier als ein Beispiel an Nietzsche vorgeführt habe, heißt es: Unter dem Einfluß des Kosmos war Nietzsche durch seine frühere Inkarnation in seinem Karma so vorbereitet, daß in einem bestimmten Zeitpunkte vermöge seiner früheren Inkarnation die Kräfte des Idealismus und der Mystik – die zusammenwirkten, weil Mystik im Zeichen des Idealismus stand – auf seine ganze Körperkonstitution so wirkten, daß er zunächst fähig war, mystischer Idealist zu werden. Dann änderte sich die Konstellation in der angedeuteten Weise.

Wir werden aus dem Kosmos heraus gedacht. Der Kosmos denkt uns. Und wie wir in unserer kleinen Alltagsgedankenarbeit kleine Eingravierungen in unser Gehirn machen und dann die Vorstellungen Löwe, Hund, Tisch, Rose, Buch, auf, ab, links, rechts uns zum Bewußtsein kommen als die Spiegelungen dessen, was wir vorher im Gehirn präparieren – das heißt, wie wir durch die Bearbeitung des Gehirns zuletzt wahrnehmen Löwe, Hund, Tisch, Rose, Buch, auf, ab, schreiben, lesen –, so wirken die Wesen der Weltenhierarchien in der Weise, daß sie die große denkerische Tätigkeit verrichten, die Bedeutsameres in der Welt eingraviert als wir mit unserer alltäglichen Denkertätigkeit. So kommt es denn zustande, daß nicht nur die kleinen winzigen Eingravierungen entstehen, die dann als unsere Gedanken sich einzeln spiegeln, sondern daß wir selbst es sind in unserem ganzen Wesen, was wieder den Wesen der höheren Hierarchien als ihre Gedanken erscheint. Wie unsere kleinen Gehirnprozesse unsere kleinen Gedanken spiegeln, so spiegeln wir, indem in die Welt eingraviert wird, die Gedanken des Kosmos. Indem die Hierarchien des Kosmos denken, denken sie zum Beispiel uns Menschen. Wie von unseren kleinen Gehirnpartikelchen unsere kleinen Gedanken kommen, so kommen von dem, was die Hierarchien machen und wozu wir selber gehören, ihre Gedanken. Wie die Teile in unserem Gehirn für uns die Spiegelungsapparate sind, die wir erst für unsere Gedanken bearbeiten, so sind wir, wir kleine Wesen, dasjenige, was sich für ihre Gedanken die Hierarchien des Kosmos zubereiten. Also in einer gewissen Beziehung können wir sagen: Wir können uns dem Kosmos gegenüber so fühlen, wie sich eine kleine Partie unseres Gehirns gegenüber uns selber fühlen könnte. Sowenig wir aber geistig-seelisch das sind, was unser Gehirn ist, so wenig sind natürlich die Wesenheiten der geistigen Hierarchien «wir». Daher sind wir selbständig gegenüber den Wesenheiten der höheren Hierarchien. Und wir können sagen: In gewisser Weise dienen wir ihnen, damit sie durch uns denken können; wir sind aber zugleich selbständige Wesenheiten, die ihr Eigensein in sich haben, wie sogar in gewisser Weise die Partikel unseres Gehirns ihr Eigenleben haben.

So finden wir den Zusammenhang zwischen dem menschlichen und dem kosmischen Gedanken. Der menschliche Gedanke ist der Regent des Gehirns; der kosmische Gedanke ist ein solcher Regent, daß zu dem, was er auszuführen hat, wir selber mit unserem ganzen Wesen gehören. Nur müssen wir, weil er vermöge unseres Karma nicht immer alle seine Gedanken in gleicher Art auf uns wenden kann, nach seiner Logik aufgebaut werden. So haben wir Menschen eine Logik, nach der wir denken, und so haben auch die geistigen Hierarchien des Kosmos ihre Logik. Und ihre Logik besteht in dem, was wir als Schema aufgezeichnet haben (Seite 69). Wie wir zum

Beispiel, wenn wir denken, «der Löwe ist ein Säugetier», zwei Begriffe zusammenbringen zu einem Urteil, so denken die geistigen Hierarchien des Kosmos zwei Dinge zusammen, Mystik und Idealismus: Mystik erscheine im Idealismus. Denken Sie sich dieses zunächst als vorbereitende Tätigkeit des Kosmos: Mystik erscheine im Idealismus – so erklingt das schöpferische «fiat», das schöpferische Wort. Die vorbereitende Tat besteht für die Wesen der geistigen Hierarchien darin, daß ein Mensch ergriffen wird, dessen Karma es entspricht, daß sich in ihm die Anlage ausbildet, ein mystischer Idealist zu werden. Zurückgestrahlt in die Hierarchien des Kosmos ist das, was wir für uns einen Gedanken nennen würden, für sie der Ausdruck eines Menschen, der mystischer Idealist ist, der ihr Gedanke ist, nachdem sie sich das kosmische Urteil vorbereitet haben: Mystik erscheine im Idealismus!

Wir haben gewissermaßen das Innere des kosmischen Wortes aufgezeichnet, des kosmischen Denkens. Was wir in einem Schema aufgezeichnet haben als kosmische Logik, das stellt uns dar, wie gedacht wird von den geistigen Hierarchien des Kosmos, zum Beispiel: Empirismus erscheine im Zeichen des Rationalismus! – und so weiter. Versuchen wir uns einmal zu vergegenwärtigen, was auf diese Weise im Kosmos gedacht werden kann. Es kann gedacht werden: Es erscheine Mystik im Zeichen des Idealismus! Sie wandle sich! Es werde Empirismus im Zeichen des Rationalismus! – Widerstand! Was weiter kommen würde, würde ein falsches kosmisches Urteil sein. Der Gedanke wird umgelenkt – wir haben ein korrigiertes «falsches Denken», wie wir einen Gedanken verifizieren. Es muß erscheinen der dritte Standpunkt: Voluntarismus im Zeichen des Dynamismus. – Das Ergebnis dieser durch die Zeiten in den kosmischen Welten gesprochenen drei Urteile erscheint in dem Menschen «Nietzsche». Und er strahlt zurück als der Gedanke des Kosmos.

So spricht die Summe der geistigen Hierarchien im Kosmos. Und unsere menschliche Gedankentätigkeit ist ein Abbild, ein kleines Abbild davon. Welten verhalten sich zum Geiste oder zu den Geistern des Kosmos, wie sich unser Gehirn zu unserer Seele verhält. So können wir hineinblicken in das, was wir allerdings nur mit einer gewissen Ehrfurcht, mit einer heiligen Scheu anschauen sollten. Denn wir stehen gewissermaßen mit einer solchen Sache vor den Geheimnissen der Menschenindividualitäten. Wir lernen begreifen, daß – wenn ich mich bildlich ausdrücken darf – die Augen der Wesen der höheren Hierarchien hinschweifen über die einzelnen Menschenindividualitäten und daß ihnen die Individualitäten das sind, was uns die individuellen Buchstaben eines Buches sind, in dem wir lesen. Das ist das, was wir nur mit einer heiligen Scheu anschauen dürfen. Wir belauschen die Gedankentätigkeit des Kosmos.

Es muß in unserer Zeit der Schleier eines solchen Geheimnisses bis zu einem gewissen Grade gelüftet werden. Denn die Gesetze, die hier als die Gesetze der Gedanken des Kosmos aufgezeigt worden sind, sie sind tätig im Menschen. Und ihre Erkenntnis kann in uns bewirken, daß wir das Leben verstehen und daß wir, verstehend dieses Leben, uns selbst verstehen lernen, so verstehen lernen, daß wir wissen, auch wenn wir in einer gewissen Weise durch das oder jenes einseitig ins Leben hineingestellt werden müssen: Wir gehören einem großen Ganzen an, denn wir sind Glieder in der Denkerlogik des Kosmos. Und zu durchschauen diese Verhältnisse, dazu leitet uns dann die Geisteswissenschaft an, die uns damit eine Anweisung gibt, um ebensosehr unsere Einseitigkeit bezüglich unserer Anlagen zu verstehen, als uns durch die Erkenntnisse der Geisteswissenschaft allseitiger zu machen. Dann werden wir die Stimmung finden, die gerade in unserer Zeit notwendig ist.

In unserer Zeit, wo bei vielen der tonangebenden Geister auch nicht eine Spur vorhanden ist von einer Einsicht in die Verhältnisse, die hier berührt worden sind, erleben wir es, daß die Menschen dennoch unter diesen Verhältnissen stehen, aber nicht zu leben wissen unter diesen Verhältnissen. Dadurch aber bewirken sie etwas, was einen Ausgleich notwendig macht. Nehmen Sie einmal das Beispiel von *Wundt,* das ich Ihnen gestern vorgetragen habe. Seine Einseitigkeit wird durch eine ganz bestimmte Konstellation bewirkt. Nehmen wir an, daß Wundt sich jemals zum Verständnis der Geisteswissenschaft durchringen könnte; dann würde er seine Einseitigkeit so fassen, daß er sich sagen würde: Nun, dadurch, daß ich mit dem Empirismus dastehe und so weiter, dadurch bin ich imstande, auf gewissen Gebieten Gutes zu arbeiten. Ich bleibe auf diesen Gebieten und ergänze das übrige durch die Geisteswissenschaft. – Zu einem solchen Urteil würde er kommen. Er will aber von der Geisteswissenschaft nichts wissen. Was tut er deshalb? Während er Gutes leisten könnte, produktiv in der Konstellation, die gerade seine eigene ist, macht Wundt das, was er vermöge dieser Konstellation leisten kann, zur Gesamtphilosophie, während er sonst wahrscheinlich noch Größeres, weit Größeres, ja, dann erst Nützliches leisten könnte, wenn er das Philosophieren sein ließe und über Seelenerscheinungen experimentieren würde – was er versteht – und die Natur der mathematischen Urteile untersuchen würde – was er auch versteht –, anstatt es zu allerlei Philosophie zusammenzubrauen; denn dann würde er im richtigen Geleise sein.

Das aber muß von vielen gesagt werden. Daher muß die Geisteswissenschaft, geradeso wie sie die Gesinnung hervorrufen muß, zu erkennen, wie Friede zwischen den Weltanschauungen bestehen soll, auf der anderen Seite scharf hinweisen auf die Überschreitung desjenigen, was notwendig ist durch Einhalten der Konstellation durch die Persönlichkeiten der Gegenwart, die dadurch großen Schaden anrichten, daß sie die Welt suggestiv beeinflussen mit Urteilen, die gefällt sind, ohne daß auf ihre Konstellation dabei Rücksicht genommen worden ist. Scharf zurückgewiesen werden müssen die Einseitigkeiten, die sich als Ganzes geltend machen wollen. Die Welt läßt sich nicht erklären durch einen Menschen, der Anlagen hat für das eine oder das andere. Und wenn er sie dadurch erklären will und eine Philosophie begründen will, dann bewirkt diese Philosophie Ungünstiges, und es erwächst der Geisteswissenschaft die Aufgabe, die hochmütigen Prätentionen dieser Einseitigkeit zurückzuweisen, die sich als ein Ganzes in der Welt aufspielt. Je weniger in unserer Zeit Sinn und Gesinnung für die Geisteswissenschaft vorhanden ist, desto stärker muß die charakterisierte Einseitigkeit hervortreten.

Wir sehen daher, daß gerade die Erkenntnis vom Wesen des menschlichen und kosmischen Gedankens uns dahin führen kann, recht die Bedeutung und die Aufgabe der Geisteswissenschaft in unserer Zeit einzusehen und das in ihr einzusehen, was sie in das rechte Verhältnis bringen kann zu anderen sogenannten Geistesströmungen, namentlich philosophischen Strömungen, in unserer Zeit. Wünschenswert wäre es, daß gerade Erkenntnisse der Art, wie wir sie in diesen Vorträgen an uns heranzubringen versuchten, sich recht tief in die Herzen und Seelen unserer Freunde einschrieben, damit der Gang der anthroposophischen Geistesströmung durch die Welt ein solcher werde, daß eine ganz bestimmte, echte Richtung eingeschlagen werde. Man wird dann immer mehr und mehr erkennen, wenn man solches berücksichtigt, wie der Mensch durch das, was als kosmische Gedanken in ihm lebt, geformt wird.

Tiefer noch erscheint uns, als er sonst erscheinen könnte, gerade durch eine solche Darlegung ein Gedanke wie der *Fichtes,* der da sagt: Was für eine Philosophie einer hat, das hängt davon ab, was er für ein Mensch ist. Ja, wahrhaftig, was einer für eine Philosophie hat, das hängt davon ab, was er für ein Mensch ist! Daß Fichte in der ersten Zeit seiner damaligen Inkarnation, in der er als Fichte lebte, als den Grundnerv seiner Weltanschauung aussprechen konnte: «Unsere Welt ist das versinnlichte Material unserer Pflicht», das zeigt ebenso wie das obige Wort, das er später ausgesprochen hat, wie seine Seele ihre Konstellation im geistigen Kosmos verändert hat, das heißt, wie reich diese Seele gestaltet war, so daß die geistigen Hierarchien sie umformen konnten, um durch sie verschiedenes zu denken für sich. Ähnliches könnte zum Beispiel für Nietzsche gesagt werden.

Mancherlei Aspekte der Weltbetrachtung treten auf, gerade wenn man solches, wie es in diesen vier Vorträgen charakterisiert worden ist, sich vor die Seele hält. Das Beste, was wir dabei gewinnen können, ist allerdings, daß wir durch solche Dinge immer tiefer und tiefer in das geistige Gefüge der Welt hineinschauen, auch fühlend und empfindend hineinschauen. Wenn nur eines durch einen solchen Vortragszyklus erreicht werden könnte, daß möglichst viele Ihrer Seelen sich sagten: Ja, man muß, wenn man in die geistige Welt, das heißt in die Welt der Wahrheit und nicht in die Welt des

Irrtums, eintauchen will, sich wirklich einmal auf den Weg begeben! Denn vieles, vieles muß auf diesem Wege berücksichtigt werden, um zu den Quellen der Wahrheit zu kommen. Und wenn es mir anfangs auch so scheinen könnte, als ob da oder dort ein Widerspruch auftauchte, daß ich da oder dort dieses oder jenes nicht verstehen könnte, so will ich mir doch sagen, daß ja doch die Welt nicht dazu da ist, um für jede Lage des menschlichen Verstehens begreiflich zu sein, und daß ich lieber ein Sucher werden will als ein Mensch, der sich immer nur so zur Welt stellt, daß er darnach fragt: Was kann ich begreifen? Was kann ich nicht begreifen? – Wird man ein Sucher, begibt man sich ernsthaft auf den Weg des Suchens, so lernt man erkennen, daß man von den verschiedensten Seiten die Impulse zusammentragen muß, um einiges Verständnis für die Welt zu gewinnen. Dann verlernt man ganz und gar jene Art, die sich so zur Welt stellen will wie: Verstehe ich das? Verstehe ich das nicht? – sondern man sucht und sucht und sucht weiter. Die schlimmsten Feinde der Wahrheit sind die abgeschlossenen und nach Abschluß trachtenden Weltanschauungen, die ein paar Gedanken hinzimmern wollen und glauben, ein Weltgebäude mit ein paar Gedanken aufbauen zu dürfen.

Die Welt ist ein Unendliches, qualitativ und quantitativ. Und ein Segen wird es sein, wenn sich einzelne Seelen finden, die klar sehen wollen gerade in bezug auf das, was in unserer Zeit so furchtbar auftritt an sich überhebender Einseitigkeit, die ein Ganzes sein will. Ich möchte sagen, mit blutendem Herzen spreche ich es aus: Das größte Hindernis für eine Erkenntnis der Tatsache, wie eine vorbereitende Arbeit der denkerischen Tätigkeit im Gehirn geübt wird, wie das Gehirn dadurch zum Spiegel gemacht wird und das Seelenleben zurückstrahlt – eine Tatsache, deren Erkenntnis unendliches Licht auf viele andere physiologische Erkenntnisse werfen könnte –, das größte Hindernis für die Erkenntnis dieser Tatsache ist die wahnsinnig gewordene Physiologie der Gegenwart, welche da von zweierlei Nerven spricht, von den motorischen und den sensitiven Nerven. Ich habe auch diese Sache schon in manchen Vorträgen berührt. Um diese überall in der Physiologie herumspukende Lehre hervorzubringen, mußte tatsächlich die Physiologie vorher allen Verstand verlieren. Dennoch ist das heute eine über die ganze Erde hin anerkannte Lehre, die sich jeder wahren Erkenntnis von der Natur des Gedankens und der Natur der Seele hindernd in den Weg legt. Niemals wird der menschliche Gedanke erkannt werden können, wenn die Physiologie ein solches Hindernis der Erkenntnis des Gedankens bildet. Wir haben es aber so weit gebracht, daß eine haltlose Physiologie heute jedes Lehrbuch der Psychologie, der Seelenkunde, eröffnet und von sich abhängig macht. Damit versperrt man sich zugleich den Weg zur Erkenntnis des kosmischen Gedankens.

Was der Gedanke im Kosmos ist, das lernt man erst erkennen, wenn man erfühlt, was der Gedanke im Menschen ist, wenn man sich in der Wahrheit dieses Gedankens fühlt, der als Gedanke mit dem Gehirn nichts anderes zu tun hat, als daß er selber der Herr dieses Gehirnes ist. Aber wenn man also den Gedanken in seiner Wesenheit in sich selber als menschlichen Gedanken erkannt hat, dann fühlt man sich schon mit diesem Gedanken im Kosmischen darinnen, und unsere Erkenntnis von der wahren Natur des menschlichen Gedankens weitet sich aus auch zur Erkenntnis der wahren Natur des kosmischen Gedankens. Wenn wir richtig erkennen lernen, wie wir denken, dann lernen wir auch erkennen, wie wir von den Mächten des Kosmos gedacht werden. Ja, wir gewinnen sogar die Möglichkeit, einen Blick in die Logik der Hierarchien hinein zu tun. Die einzelnen Bestandteile der Urteile der Hierarchien, die Begriffe der Hierarchien, ich habe sie Ihnen hingeschrieben. In den zwölf Geistes-Tierkreiszeichen, in den sieben Weltanschauungsstimmungen und so weiter liegen die Begriffe der Hierarchien. Und das, was die Menschen sind, sind Urteile des Kosmos, die aus diesen Begriffen hervorgehen. So fühlen wir uns in der Logik des Kosmos, das heißt, real gefaßt, in der Logik der Hierarchien des Kosmos darinnen, fühlen uns als Seelen in kosmischen Gedanken gebettet, wie wir den kleinen Gedanken, den wir denken, in unserem Seelenleben gebettet fühlen.

Meditieren Sie einmal über die Idee: «Ich denke meine Gedanken. – Und ich bin ein Gedanke, der von den Hierarchien des Kosmos gedacht wird. Mein Ewiges besteht darin, daß das Denken der Hierarchien ein Ewiges ist. Und wenn ich einmal von einer Kategorie der Hierarchien ausgedacht bin, dann werde ich übergeben – wie der Gedanke des Menschen vom Lehrer an den Schüler übergeben wird – von einer Kategorie an die andere, damit diese mich in meinem ewigen, wahren Wesen weiter denke. So fühle ich mich drinnen in der Gedankenwelt des Kosmos.»

Damit ist dieser kurze Zyklus von Vorträgen abgeschlossen.

HINWEISE

Zu dieser Ausgabe

Die vier Vorträge «Der menschliche und der kosmische Gedanke» wurden gehalten im Rahmen der zweiten Generalversammlung der seit 1912 bestehenden Anthroposophischen Gesellschaft, die von Sonntag, den 18. bis Freitag, den 23. Januar 1914 dauerte. Die Protokolle der an diesen Tagen gehaltenen Diskussionen, Ansprachen und Beiträge sind abgedruckt in den «Mitteilungen für Mitglieder der Anthroposophischen Gesellschaft (Theosophischen Gesellschaft)», herausgegeben von Mathilde Scholl, Köln, April bis Juni 1914.

Textgrundlagen: Die Vorträge wurden offiziell mitstenographiert von Walther Vegelahn, dessen Übertragung in Klartext den Veröffentlichungen bisher zugrunde lag. Nach der 4. Auflage 1961 ist dem Archiv eine zweite Nachschrift der Vorträge zugänglich geworden, die von Clara Michels stammt. Sie wurde für die Ausgabe 1980 vergleichend hinzugezogen. Die Originalstenogramme sind weder von Vegelahn noch von Michels erhalten. Wie auch aus anderen Mitschriften von Clara Michels hervorgeht, sind ihre Texte zwar kürzer als die Vegelahns, lassen Wiederholungen und Umschreibungen oft weg, sind aber meist klar und präzise in bezug auf den Sinn. Manche Worte und Wendungen ihrer Mitschrift dieser Vorträge werden bestätigt durch noch andere Notizen von einer dritten Hand.

Der Titel des Bandes stammt von Rudolf Steiner.

Zu den einzelnen Auflagen: Die beiden ersten Auflagen wurden von Marie Steiner besorgt; der Bearbeiter der dritten ist namentlich nicht bekannt; die vierte besorgten Robert Friedenthal und Karl Boegner. Der fünften Auflage von 1980 und der sechsten (1990) liegt grundsätzlich der bisherige, ausführliche Text Vegelahns zugrunde, der jedoch deutlich Züge einer stilistisch geglätteten Bearbeitung zeigt; wesentliche Änderungen oder Ergänzungen durch den Vergleich mit dem Text von Michels werden am Schluß der Hinweise aufgeführt.

Die Tafelzeichnungen sind nicht erhalten geblieben. *Die Zeichnungen im Text* sind auf Grund der Vorlagen in den Vortragsnachschriften von Leonore Uhlig ausgeführt worden.

Hinweise zum Text

Werke Rudolf Steiners innerhalb der Gesamtausgabe (GA) werden in den Hinweisen mit der Bibliographie-Nummer angeführt. Siehe auch die Übersicht am Schluß des Bandes.

zu Seite

11 *«Welt- und Lebensanschauungen ...»:* «Welt- und Lebensanschauungen im neunzehnten Jahrhundert», 2 Bände, Berlin 1900/1901. Erschien 1914 umgearbeitet als «Die Rätsel der Philosophie in ihrer Geschichte als Umriß dargestellt» (1914), GA 18.

17 *Goethe:* 1. «Die Metamorphose der Pflanzen», in Goethe: «Naturwissenschaftliche Schriften», herausgegeben und kommentiert von Rudolf Steiner in Kürschners «Deutsche National-Litteratur», 5 Bde. (1884–97), Nachdruck Dornach 1975, GA 1a-e, Bd. 1, GA 1a, S. 17ff. – 2. Goethes Aussagen über die Urpflanze sind sehr zerstreut, z.T. in diversen Briefen (vergleiche daher die angegebenen Stellen in der unten genannten «Einleitung» von Rudolf Steiner). – 3. Über das Urtier schreibt Goethe in «Zur Morphologie: Der Inhalt bevorwortet» und in «Vorträge über vergleichende Anatomie: Über einen aufzustellenden Typus», im oben genannten 1. Bd., S. 15f. bzw. 331ff. – Zu allen drei Themen siehe Rudolf Steiners «Einleitung», ebenda, S. XVII ff. (Vergleiche weiter auch u. a. Rudolf Steiners Aufsätze «Goethe als Vater einer neuen Ästhetik» und «Goethes Naturanschauung gemäß den neuesten Veröffentlichungen des Goethe-Archivs», in: «Methodische Grundlagen der Anthroposophie. Gesammelte Aufsätze 1884–1901», GA 30, S. 23ff. bzw. 69ff.).

19 ff. *Ontologischer Gottesbeweis:* Dieser wurde aufgestellt von Anselm von Canterbury (1033/34–1109). Siehe dessen Werk «Proslogion».

Kant wollte ... aus der Welt schaffen: Siehe Kant: «Kritik der reinen Vernunft» (1781), Elementarlehre 2. Teil, 2. Abt., 2. Buch, 3. Hauptstück, 4. Abschnitt.

24 *Fritz Mauthner:* «Beiträge zu einer Kritik der Sprache», 3 Bände, Stuttgart und Berlin 1901/02. Siehe besonders Band 3: Zur Grammatik und Logik. – «Wörterbuch der Philosophie. Neue Beiträge zu einer Kritik der Sprache», 2 Bände, München und Leipzig 1910.

37 *hat Fichte einmal gesagt:* Wörtlich: «Unsere Welt ist das versinnlichte Materiale unserer Pflicht», in: «Über den Grund unseres Glaubens an eine göttliche Weltregierung» (1798) und in: «Appelation an das Publikum über die ihm beigemessenen atheistischen Äußerungen» (1799), beides in: «Johann Gottlieb Fichtes sämtliche Werke», hg. von J. H. Fichte, 8 Bände, Berlin 1845–46, Bd. 5, S. 185, bzw. S. 211.

38 *das Kantische Diktum:* Siehe Kant: «Metaphysische Anfangsgründe der Naturwissenschaft» (1786), Vorrede.

wie einstmals Du Bois-Reymond gesagt hat: Der Satz bildet den Extrakt einer Grundüberzeugung Du Bois-Reymonds, wie er z. B. in der zweiten Hälfte seines Vortrages «Über die Grenzen des Naturerkennens», Leipzig 1872, zum Ausdruck kommt.

42 *Leibniz ... Monade:* Siehe Gottfried Wilhelm Leibniz: «Monadologie», 1720.

in meinem Buche: «Die Rätsel der Philosophie in ihrer Geschichte als Umriß dargestellt» (1914), GA 18.

43 *«Kritik der Sprache»:* Siehe Hinweis zu S. 24.

46 *wie die Sonne, auch wenn wir die kopernikanische Weltanschauung zugrunde legen: «auch»* ist ergänzt auf Grund eines Korrekturvorschlages. In der Tat ist es das Hauptanliegen der kopernikanischen Anschauung, den Stillstand der Sonne und die Bewegung der Erde in der Jahresbewegung zu betonen. Doch kann auch von ihrem Standpunkt aus die Bewegung der Sonne durch den Tierkreis verstanden werden, nur wird der echte Kopernikaner kaum versäumen, dabei von einer scheinbaren Bewegung zu sprechen. (G. A. Balastèr)

54 *«Atomistik des Willens»:* Siehe Robert Hamerling: «Die Atomistik des Willens. Beiträge zur Kritik der modernen Erkenntnis», 2 Bände, Hamburg 1891.

71 *Nietzsche:* «Die Geburt der Tragödie», 1872. – «Unzeitgemäße Betrachtungen»: 1. Stück: «David Strauß, der Bekenner und der Schriftsteller», 1873; 2. Stück: «Vom Nutzen und Nachteil der Historie für das Leben», 1874; 3. Stück: «Schopenhauer als Erzieher», 1875; 4. Stück: «Richard Wagner in Bayreuth», 1876.
«Menschliches, Allzumenschliches», 1878. – «Morgenröte», 1881. – «Die fröhliche Wissenschaft», 1882.
«Jenseits von Gut und Böse», 1885/86. – «Zur Genealogie der Moral», 1887. – «Der Fall Wagner», 1888. – «Götzendämmerung», 1888. – «Der Antichrist», 1888. – «Also sprach Zarathustra», 1883/84.
Vergleiche auch Rudolf Steiners Schrift: «Friedrich Nietzsche, ein Kämpfer gegen seine Zeit» (1895), GA 5.

81 *Fichte ... sagt:* Wörtlich: «Was für eine Philosophie man wähle, hängt sonach davon ab, was man für ein Mensch ist: denn ein philosophisches System ist nicht ein toter Hausrat, den man ablegen oder annehmen könnte, wie es uns beliebte, sondern es ist beseelt durch die Seele des Menschen, der es hat.», in: «Erste Einleitung in die Wissenschaftslehre» (1797), 5. Abschnitt, in: «Johann Gottlieb Fichtes sämtliche Werke», hg. von J. H. Fichte, 8 Bände, Berlin 1845–46, Bd. 1, S. 434.

Fichte ... aussprechen konnte: Siehe Hinweis zu S. 37.

82 *Motorische und sensitive Nerven:* Vergleiche hierzu u. a. Rudolf Steiners Schrift «Von Seelenrätseln» (1917), GA 21, Kap. 4 «Skizzenhafte Erweiterungen...», 6. Die physischen und die geistigen Abhängigkeiten der Menschen-Wesenheit. – Weiter die Vorträge vom 23. März 1920 in: «Geisteswissenschaft und Medizin» (20 Vorträge, Dornach 1920), GA 312, und vom 21. April 1920 in: «Die Erneuerung der pädagogisch-didaktischen Kunst durch Geisteswissenschaft» (14 Vorträge, Basel 1920), GA 301.

NAMENREGISTER

VERZEICHNIS WESENTLICHER TEXTKORREKTUREN

ab der 5. Auflage 1980 gegenüber der 4. Auflage 1961

Seite	*Zeile*	*jetziger Wortlaut:*	*früherer Wortlaut:*
9	8	überschauen	ausüben
14	19/20	durch das Denken	bis zum Denken hin
15	29/32	Diese Seite bewegt sich so ... Richtung um. (Zeichnung neu)	(fehlte)
17	27/28	abgeschlossenen	abgezogenen
	33/34	Eigenschaften	Beweglichkeiten
19	12-13	und man plagte ... herum.	(fehlte)
22		(Zeichnung neu; Text entsprechend)	
24	4	siehst nicht das	siehst nur das
	8-10	was aus den geistigen Welten ... hereinkommt	(fehlte)
31	16	für logisch absurd	hinweg
34	8	Einzelnes	Eigenschaft
35	12	Materiellen	Materialismus
	12/14	Ein solcher Mensch ... Materialismus	(fehlte)
36	26/27	mit etwas anderer Wortbedeutung, als ich das Wort vorher brauchte	aus den eben gemachten Auseinandersetzungen heraus
37	13	durchtränkt	durchtendiert
42	15	Klarheit	Fähigkeit
43	3	er kümmert sich nur um den	er kommentiert es nur mit dem
55	5	allerlei Schauungen	einer Art von Schauung
	30/31	Aufgabe	Aufwachen
56	23/24	voraussetzt, daß ... in der Wahrnehmung	(fehlte)
61	16	günstigen Weise die Welt	merkwürdigen Weise den Weltanschauungsinhalt
	31	die Welt	den Willen
63	3/4	Beste, was er in der Seele haben kann, dadurch daß er es in seinen Intuitionen	Beste aufsucht, damit er es nach seinen Intuitionen
	35	trivialste	nächste
69	5	abweicht	ableitet

Seite	*Zeile*	*jetziger Wortlaut:*	*früherer Wortlaut:*
72	22	in Geisteswissenschaft	in die geistige Welt
	18/20	alles, was z.B. durch Erziehung, durch äußere Lebensverhältnisse zu erreichen ist;	z.B. ein Hineinstellen durch Erziehung, durch äußere Lebensverhältnisse
73	25	ein Spiegel wird	Ihr Gesicht spiegelt
	27	Tätigkeit	Gedankenarbeit
75	25	Hauptmasse	Hauptsache
76	3/4	an Ideen, was wir haben als	im Zeichen des
78	4	Idealismus: Mystik erscheine im Idealismus.	Idealismus, und wir sagen dann: Mystik erscheint im Idealismus.
	5	Kosmos: Mystik erscheine im Idealismus – so erklingt	Kosmos. Dann erklingt
	25/26	– wir haben ein korrigiertes «falsches Denken»,	(fehlte)
	33/34	Das Ergebnis dieser durch die Zeiten in den kosmischen Welten gesprochenen drei Urteile erscheint in dem Menschen	Dieses, durch die Zeiten in den kosmischen Welten gesprochen durch die drei Urteile, gibt den Menschen
80	10	über Seelenerscheinungen	über Seelen
83	16	Wesenheit in sich	Wesenheit, wenn man sich
	21	wie	was

ÜBER DIE VORTRAGSNACHSCHRIFTEN

Aus Rudolf Steiners Autobiographie «Mein Lebensgang» (35. Kap., 1925)

Es liegen nun aus meinem anthroposophischen Wirken zwei Ergebnisse vor; erstens meine vor aller Welt veröffentlichten Bücher, zweitens eine große Reihe von Kursen, die zunächst als Privatdruck gedacht und verkäuflich nur an Mitglieder der Theosophischen (später Anthroposophischen) Gesellschaft sein sollten. Es waren dies Nachschriften, die bei den Vorträgen mehr oder weniger gut gemacht worden sind und die – wegen mangelnder Zeit – nicht von mir korrigiert werden konnten. Mir wäre es am liebsten gewesen, wenn mündlich gesprochenes Wort mündlich gesprochenes Wort geblieben wäre. Aber die Mitglieder wollten den Privatdruck der Kurse. Und so kam er zustande. Hätte ich Zeit gehabt, die Dinge zu korrigieren, so hätte vom Anfange an die Einschränkung «Nur für Mitglieder» nicht zu bestehen gebraucht. Jetzt ist sie seit mehr als einem Jahre ja fallen gelassen.

Hier in meinem «Lebensgang» ist notwendig, vor allem zu sagen, wie sich die beiden: meine veröffentlichten Bücher und diese Privatdrucke in das einfügen, was ich als Anthroposophie ausarbeitete.

Wer mein eigenes inneres Ringen und Arbeiten für das Hinstellen der Anthroposophie vor das Bewußtsein der gegenwärtigen Zeit verfolgen will, der muß das an Hand der allgemein veröffentlichten Schriften tun. In ihnen setzte ich mich auch mit alle dem auseinander, was an Erkenntnisstreben in der Zeit vorhanden ist. Da ist gegeben, was sich mir in «geistigem Schauen» immer mehr gestaltete, was zum Gebäude der Anthroposophie – allerdings in vieler Hinsicht in unvollkommener Art – wurde.

Neben diese Forderung, die «Anthroposophie» aufzubauen und dabei nur dem zu dienen, was sich ergab, wenn man Mitteilungen aus der Geist-Welt der allgemeinen Bildungswelt von heute zu übergeben hat, trat nun aber die andere, auch dem voll entgegenzukommen, was aus der Mitgliedschaft heraus als Seelenbedürfnis, als Geistessehnsucht sich offenbarte.

Da war vor allem eine starke Neigung vorhanden, die Evangelien und den Schrift-Inhalt der Bibel überhaupt in dem Lichte dargestellt zu hören, das sich als das anthroposophische ergeben hatte. Man wollte in Kursen über diese der Menschheit gegebenen Offenbarungen hören.

Indem interne Vortragskurse im Sinne dieser Forderung gehalten wurden, kam dazu noch ein anderes. Bei diesen Vorträgen waren nur Mitglieder. Sie waren mit den Anfangs-Mitteilungen aus Anthroposophie bekannt. Man konnte zu ihnen eben so sprechen, wie zu Vorgeschrittenen auf dem Gebiete der Anthroposophie. Die Haltung dieser internen Vorträge war eine solche, wie sie eben in Schriften nicht sein konnte, die ganz für die Öffentlichkeit bestimmt waren.

Ich durfte in internen Kreisen in einer Art über Dinge sprechen, die ich für die öffentliche Darstellung, wenn sie für sie von Anfang an bestimmt gewesen wären, hätte anders gestalten *müssen.*

So liegt in der Zweiheit, den öffentlichen und den privaten Schriften, in der Tat etwas vor, das aus zwei verschiedenen Untergründen stammt. Die ganz öffentlichen Schriften sind das Ergebnis dessen, was in mir rang und arbeitete; in den Privatdrucken ringt und arbeitet die Gesellschaft mit. Ich höre auf die Schwingungen im Seelenleben der Mitgliedschaft, und in meinem lebendigen Drinnenleben in dem, was ich da höre, entsteht die Haltung der Vorträge.

Es ist nirgends auch nur in geringstem Maße etwas gesagt, was nicht reinstes Ergebnis der sich aufbauenden Anthroposophie wäre. Von irgend einer Konzession an Vorurteile oder Vorempfindungen der Mitgliedschaft kann nicht die Rede sein. Wer diese Privatdrucke liest, kann sie im vollsten Sinne eben als das nehmen, was Anthroposophie zu sagen hat. Deshalb konnte ja auch ohne Bedenken, als die Anklagen nach dieser Richtung zu drängend wurden, von der Einrichtung abgegangen werden, diese Drucke nur im Kreise der Mitgliedschaft zu verbreiten. Es wird eben nur hingenommen werden müssen, daß in den von mir nicht nachgesehenen Vorlagen sich Fehlerhaftes findet.

Ein Urteil über den Inhalt eines solchen Privatdruckes wird ja allerdings nur demjenigen zugestanden werden können, der kennt, was als Urteils-Voraussetzung angenommen wird. Und das ist für die allermeisten dieser Drucke *mindestens* die anthroposophische Erkenntnis des Menschen, des Kosmos, insofern sein Wesen in der Anthroposophie dargestellt wird, und dessen, was als «anthroposophische Geschichte» in den Mitteilungen aus der Geist-Welt sich findet.

RUDOLF STEINER GESAMTAUSGABE

Gliederung nach: Rudolf Steiner – Das literarische
und künstlerische Werk. Eine bibliographische Übersicht
(Bibliographie-Nrn. *kursiv* in Klammern)

A. SCHRIFTEN

I. Werke

Goethes Naturwissenschaftliche Schriften, eingeleitet und kommentiert von R. Steiner, 5 Bände, 1883/97, Neuausgabe 1975, *(1a-e);* separate Ausgabe der Einleitungen, 1925 *(1)*
Grundlinien einer Erkenntnistheorie der Goetheschen Weltanschauung, 1886 *(2)*
Wahrheit und Wissenschaft. Vorspiel einer ‹Philosophie der Freiheit›, 1892 *(3)*
Die Philosophie der Freiheit. Grundzüge einer modernen Weltanschauung, 1894 *(4)*
Friedrich Nietzsche, ein Kämpfer gegen seine Zeit, 1895 *(5)*
Goethes Weltanschauung, 1897 *(6)*
Die Mystik im Aufgange des neuzeitlichen Geisteslebens und ihr Verhältnis zur modernen Weltanschauung, 1901 *(7)*
Das Christentum als mystische Tatsache und die Mysterien des Altertums, 1902 *(8)*
Theosophie. Einführung in übersinnliche Welterkenntnis und Menschenbestimmung, 1904 *(9)*
Wie erlangt man Erkenntnisse der höheren Welten? 1904/05 *(10)*
Aus der Akasha-Chronik, 1904/08 *(11)*
Die Stufen der höheren Erkenntnis, 1905/08 *(12)*
Die Geheimwissenschaft im Umriß, 1910 *(13)*
Vier Mysteriendramen: Die Pforte der Einweihung – Die Prüfung der Seele Der Hüter der Schwelle – Der Seelen Erwachen, 1910/13 *(14)*
Die geistige Führung des Menschen und der Menschheit, 1911 *(15)*
Anthroposophischer Seelenkalender, 1912 *(in 40)*
Ein Weg zur Selbsterkenntnis des Menschen, 1912 *(16)*
Die Schwelle der geistigen Welt, 1913 *(17)*
Die Rätsel der Philosophie in ihrer Geschichte als Umriß dargestellt, 1914 *(18)*
Vom Menschenrätsel, 1916 *(20)*
Von Seelenrätseln, 1917 *(21)*
Goethes Geistesart in ihrer Offenbarung durch seinen Faust und durch das Märchen von der Schlange und der Lilie, 1918 *(22)*
Die Kernpunkte der sozialen Frage in den Lebensnotwendigkeiten der Gegenwart und Zukunft, 1919 *(23)*
Aufsätze über die Dreigliederung des sozialen Organismus und zur Zeitlage 1915-1921 *(24)*
Kosmologie, Religion und Philosophie, 1922 *(25)*
Anthroposophische Leitsätze, 1924/25 *(26)*
Grundlegendes für eine Erweiterung der Heilkunst nach geisteswissenschaftlichen Erkenntnissen, 1925. Von Dr. R. Steiner und Dr. I. Wegman *(27)*
Mein Lebensgang, 1923/25 *(28)*

II. Gesammelte Aufsätze

Aufsätze zur Dramaturgie 1889-1901 *(29)* – Methodische Grundlagen der Anthroposophie 1884-1901 *(30)* – Aufsätze zur Kultur- und Zeitgeschichte 1887-1901 *(31)* – Aufsätze zur Literatur 1886-1902 *(32)* – Biographien und biographische Skizzen 1894-1905 *(33)* – Aufsätze aus «Lucifer-Gnosis» 1903-1908 *(34)* – Philosophie und Anthroposophie 1904-1918 *(35)* – Aufsätze aus «Das Goetheanum» 1921-1925 *(36)*

III. Veröffentlichungen aus dem Nachlaß

Briefe – Wahrspruchworte – Bühnenbearbeitungen – Entwürfe zu den Vier Mysteriendramen 1910-1913 – Anthroposophie. Ein Fragment aus dem Jahre 1910 – Gesammelte Skizzen und Fragmente – Aus Notizbüchern und -blättern – *(38-47)*

B. DAS VORTRAGSWERK

I. Öffentliche Vorträge

Die Berliner öffentlichen Vortragsreihen, 1903/04 bis 1917/18 *(51-67)* – Öffentliche Vorträge, Vortragsreihen und Hochschulkurse an anderen Orten Europas 1906-1924 *(68-84)*

II. Vorträge vor Mitgliedern der Anthroposophischen Gesellschaft

Vorträge und Vortragszyklen allgemein-anthroposophischen Inhalts – Christologie und Evangelien-Betrachtungen – Geisteswissenschaftliche Menschenkunde – Kosmische und menschliche Geschichte – Die geistigen Hintergründe der sozialen Frage – Der Mensch in seinem Zusammenhang mit dem Kosmos – Karma-Betrachtungen – *(91-244)*
Vorträge und Schriften zur Geschichte der anthroposophischen Bewegung und der Anthroposophischen Gesellschaft *(251-263)*

III. Vorträge und Kurse zu einzelnen Lebensgebieten

Vorträge über Kunst: Allgemein-Künstlerisches – Eurythmie – Sprachgestaltung und Dramatische Kunst – Musik – Bildende Künste – Kunstgeschichte – *(271-292)* – Vorträge über Erziehung *(293-311)* – Vorträge über Medizin *(312-319)* – Vorträge über Naturwissenschaft *(320-327)* – Vorträge über das soziale Leben und die Dreigliederung des sozialen Organismus *(328-341)* – Vorträge für die Arbeiter am Goetheanumbau *(347-354)*

C. DAS KÜNSTLERISCHE WERK

Originalgetreue Wiedergaben von malerischen und graphischen Entwürfen und Skizzen Rudolf Steiners in Kunstmappen oder als Einzelblätter: Entwürfe für die Malerei des Ersten Goetheanum – Schulungsskizzen für Maler – Programmbilder für Eurythmie-Aufführungen – Eurythmieformen – Skizzen zu den Eurythmiefiguren, u.a.

Die Bände der Rudolf Steiner Gesamtausgabe
sind innerhalb einzelner Gruppen einheitlich ausgestattet
Jeder Band ist einzeln erhältlich.